사업의 정석
카네기 사업론

사업의 정석

카네기 사업론

앤드류 카네기 지음 | 유지훈 옮김

주영사

편집자 서문

부를 어떻게 모으고 어떻게 쓸 것인가

　우리나라에 알려진 카네기는 두 사람이 있다. 한 사람은 인간관계론으로 유명한 데일 카네기이고, 다른 한 사람은 강철왕이라고 불리는 앤드류 카네기이다. 이 책은 앤드류 카네기에 대한 글이다.
　카네기라는 인물에 대해 말하기 전에 먼저 철강업에 대해 잠깐 언급하고자 한다. 우리 생활에 철이 없는 경우를 상상하기 힘들듯, 철강업은 시대와 장소를 불문하고 중요한 산업이다. 건물, 도로, 교량, 생활 용품, 자동차, 무기 등 철이 필요하지 않는 곳은 없다. 좋은 품질의 철을 싸고 많이 만들어 내는 능력은 국민의 생활과 안보에 직결된다. 그렇기 때문에 선진국으로 도약하려는 나라마다 철강업을 육성했고, 어느 정도 발전을 이룬 뒤에는 이를 보호하려고 유무

형의 보호 장치를 취하고 있다.

 이런 철강업을 규모의 경제를 갖춘 현대적 업종으로 발전시킨 인물이 앤드류 카네기이다. 스코틀랜드 이민자 출신의 카네기는 일찍부터 생계 전선에 뛰어들어야 했다. 여러 직업을 거치며 사업가의 자질을 쌓던 그는 드디어 철강이라는 사업에서 기회를 발견했고, 그걸로 거부(巨富)가 되었다. 거부가 된 이후에는 자신의 부를 공익을 위해 쓰는 것을 주저하지 않았다. 대학과 도서관을 지어 기증했고, 카네기 재단을 만들어 죽을 때까지 공익사업에 매진했다. 카네기 멜론 대학교, 카네기 홀 등 카네기라는 이름이 붙은 것은 다 그의 작품이라고 보면 맞다.

 카네기가 그저 엄청난 부를 축적해 그걸로 생을 마쳤다면 그를 기억하는 사람은 거의 없었을 것이다. 그는 부를 어떻게 모을 것이며, 그 부를 어떻게 사용할 것인가를 사람들에게 지속적으로 설파했다. 그는 정규 교육을 받지 않았지만 여러 매체에 자신의 생각을 정교하게 글로 남겼다. 그리고 앞서 말한 바와 같이 자신의 생각을 실천한다. 그는 철강업으로 거부가 된 후 돌연 은퇴해 죽을 때까지 공익사업에 매진한다.

그의 글과 행동은 후대의 사람들에게 영향을 미쳤다. 대표적인 예를 들자면, 마이크로소프트를 창업한 빌 게이츠는 자신이 카네기에서 영향을 받았다는 말을 한 바가 있다. 업종은 다르지만 각자의 영역에서 거부가 되었고, 여전히 현역에서 일할 수 있는 나이임에도 불구하고 은퇴해 공익사업에 전념하는 것도 닮았다.

카네기는 여러 글을 남겼다. 자서전을 비롯하여 증기기관을 발명한 제임스 와트의 전기, 사업으로 부를 획득하는 방법에 관한 에세이, 부의 사용에 관한 에세이, 국제 정치, 여행, 노사문제 등 분야도 다양하다. 이 책은 그의 글 중에서 현대에도 읽을 만한 가치가 있는 것들을 골라 모은 것이다.

이 책을 읽을 때는 몇 가지 유념할 점이 있다. 첫째, 이 책에 실린 글은 주로 1890년대 후반과 1900년대 초반에 쓰인 것들이다. 따라서 이 책이 주는 메시지를 현대의 맥락에서 검토해야 할 필요가 있다. 예를 들어, 카네기는 당시의 경험에 비추어 사업에는 대학 교육이 필요 없다고 말한다. 사업에 성공한 사람들의 배경을 살펴보니, 대학 교육이 사업 성공에 꼭 필요한 요소가 아니어서 그렇다는 것인데, 이 말을 현대의 독자가 곧이곧대로 받아들일 거라고 예상할 수는 없을 것이다. 그렇지만 마음먹으면 누구나 대학을 갈 수 있는 요즘의 현실과 사업 성공에 학벌이 절대적인가를 생각해 본다면 그 말이 전혀 틀린 말은 아니라고 볼 수도 있다. 자신만의 해석이 필요한 맥락이다.

둘째, 카네기가 말하는 사업 성공의 비결도 자신이 처한 현실에서 검토해야 한다. 예를 들어, 카네기는 달걀을 한 바구니에 담지 않는 게 아니라, 오히려 모두 담고 그것을 지켜보라고 말한다. 이 말은 포트폴리오가 진리처럼 떠받들어지는 현대에 엉뚱한 소리로 들릴지 모른다. 주식 투자에 종사하는 사람이라면 더욱 그렇게 느낄 것이다. 하지만 자신의 자원을 소수에 집중하는 사업가라면 무슨 말인지 공감할 것이다. 여러 사업에서 골고루 이익을 내는 사람이라면 공감하지 못할 수도 있다.

따라서 사업의 정석이라는 제목의 이 책을 읽을 때는 현실과의 접점을 생각해야 한다. 사업 성공에는 단 하나의 방법만 존재하지 않는다. 단 하나의 정답만 존재하는 수학에서도 푸는 방법은 여러 가지가 있다. 하물며 인간사의 온갖 변수를 고려해야만 하는 사업에서는 오죽하겠는가. 그럼에도 불구하고 정석이라고 주장하는 방법은 존재할 수 있다고 본다. 그 방법이 어떤 이에게는 정석이 될 수 있고 다른 이에게는 아닐 수도 있다. 그 여부는 받아들이는 사람의 판단에 달려 있다.

이 책을 만드는 데 인용한 카네기의 글의 출처는 책의 말미에 기록하였다. 시간이 흐르면 남는 것은 결국 기록이다. 카네기가 정말로 자신의 본심을 이야기했는지, 아니면 다르게 했는지는 알 수 없지만, 기록으로 남긴 이상 일단 그렇다고 볼 수밖에 없다. 그것이 정말 그런지의 판단은 역사학자나 전기 작가가 할 일이다.

사업이 무엇이고, 사업 성공에 필요한 자질은 무엇인지를 알고 싶어 하는 사람들과, 부를 어떻게 사용하는 것이 효과적인지를 알고 싶어 하는 사람들에게 이 책이 하나의 유용한 정보가 되었으면 한다.

2015년 8월
편집자 이은종

차례

편집자 서문 · 4

1장. 나는 어떻게 견습 시절을 보냈는가 · 13
2장. 사업 성공으로 가는 길 · 31
3장. 어떻게 부를 얻을 것인가 · 51
4장. 사업 · 73
5장. 근검절약은 인간의 의무 · 119
6장. 부의 복음 · 127
7장. 가난의 특권 · 179
8장. 다리 셋이 받치는 의자 · 221
9장. 노동 문제에 대한 고용주의 시각 · 225
10장. 노동 분쟁의 결과 · 245
11장. 개인 노력의 목적 · 273

원서 출처 · 286

1장
나는 어떻게 견습 시절을 보냈는가

 내가 사업가로서의 견습* 시절을 어떻게 보냈는지 들려주게 되어 기분이 좋다. 물론 그에 앞서 '왜 내가 사업가가 되었을까?'라는 의문이 나와야 하지 않을까 싶다. 다른 진로를 선택할 수 있었다면 분명 사업에 뛰어들지는 않았으리라 확신한다.
 가난한 부모님 밑에서 장남으로 태어난 나는 다행히 정직하게 생계를 꾸려나가기 위해 어릴 적부터 생활에 보탬이

---

* 견습(見習)은 비표준어로 수습(修習)이 적절한 말이나, 어감상 견습이라는 단어를 사용하기로 한다. — 편집자 주

되는 일을 마다하지 않고 시작했다. 파릇파릇한 아이였을 때도 부모님을 도와 될 수 있는 한 빨리 가족을 먹여 살리는 가장 노릇을 해야 했다. 그것이 내 의무였다. 때문에 '내가 하고 싶은 일이 무엇인가?'보다는 '내가 할 수 있는 일이 무엇인가?'가 주된 문제였다.

내가 태어났을 때 아버지는 스코틀랜드 던펌린에서 꽤 정평이 난 직물장인이셨다. 아버지는 다마스크 직기를 넉 대나 보유하셨고, 몇 명의 직공을 두기도 하셨다. 당시는 증기기관을 이용하여 공장에서 리넨을 제조하던 시대보다 먼저일 때였다. 규모가 큰 몇몇 도매상은 주문을 받으면 아버지 같은 직물장인을 고용하고 그들에게 원료를 제공하며 천을 짜게 했다.

그러나 공장 시스템이 발달하자 일일이 손수 작업하던 직물 산업은 점차 쇠락의 길에 접어들었다. 아버지 역시 이 같은 변화 때문에 쓴맛을 본 사람들 중 하나였다. 어느 날, 아버지는 천을 완성하여 도매상에 납품하시고는 축 처진 어깨로 조촐한 가정에 돌아오셨다. 더는 일을 할 수 없게 된 것이다. 이때 나는 태어나서 처음으로 인생의 교훈을 곱씹기 시작했다. 10살이 되던 해의 일이었지만 가슴속에 선명히 각인되어 '할 수만 있다면 어떻게든 가난이라는 늑대를 집안에서 몰아내리라!' 결심했다.

  그리하여 가족회의가 열릴라 치면 노후한 직기를 처분하고 미국으로 이민을 가자는 이야기가 더러 나왔다. 나는 가족이 벌이는 토론을 매일 들어야 했다. 결국 부모님은 생활고에서 벗어날 요량으로 모험을 걸기로 결심한 뒤, 일찌감치 펜실베이니아 피츠버그에 사는 친척을 찾아가셨다. 지금도 기억이 생생하다. 부모님은 이를 대단한 희생이라기보다 "두 아들을 위한 길"이었다고 생각하셨다.

  훗날 나처럼 과거를 돌이킬 때, 자식 뒷바라지를 위해 당신의 소욕을 완전히 내려놓은 부모님의 깊은 사랑에 감동한다면, 부모님에 대한 기억은 신을 숭배하는 기분과도 맞먹을 것이다.

  미국으로 건너온 식구 넷(아버지와 어머니, 남동생과 나)은 피츠버그 강 건너편에 있는 앨러게니 시티에 정착했다. 이때 아버지는 방직공장에 취직했다. 얼마 후 나도 사업가라면 의당 거쳐야 할 견습의 일환으로, 아버지의 전철을 밟아 "실을 감는 견습공"으로 일을 시작했다. 주급은 1달러 20센트를 받았고 당시 나이는 고작해야 열둘 밖에 안 되었다.

  난생 처음으로 첫 주의 급료를 손에 쥔 순간 나는 형언할 수 없을 만치 내 자신이 자랑스러웠다. 1달러 20센트는 내가 손수 벌어들인 것으로, 세상에 보탬이 되었기 때문에 주어진 것이었다! 아울러 식구의 생계에 이바지하고 그들을 도울 수 있는 가족 파트너로 인정받았기에 더는 부모님에게 손을 벌리지 않아도 된다는 뜻이기도 했다! 가정과 사회에 보탬이 되고 있다는 사실만큼 소년을 어른으로 만들고, 그의 마음에 진정한 사내다운 면모를 싹트게 하는 것은 없으리라. 자신이 쓸모가 있다는 생각에 세상을 다 가진 듯했다.

나는 거액을 관리해야 했다. 그 이후로 내 손을 거쳐 간 돈이 수백만 달러나 된다. 하지만 1달러 20센트를 주급으로 받았을 때 느꼈던 만족감은 훗날 돈을 벌어들일 때와 족히 비교할 수 없을 만큼 컸다. 정직한 육체노동의 직접적인 보상인 동시에 일주일간 열심히 일한 것을 상징하기도 했기 때문이다(하도 땀을 흘려서, 노동을 신성한 대상으로 바꾸는 숭고한 목적과 목표가 없었다면 노예처럼 일했다고 해도 과언은 아니었으리라).

열두 살배기 소년이 일요일만 빼고, 매일 아침 일찍 일어나 조식을 마치자마자 집을 나와 길을 찾아 공장에 가고, 아직 어스름이 채 사라지지 않은 이른 시간부터 날이 다시 어두워질 때까지 일을 해야 한다는 것은 끔찍한 일이었다.

쉴 틈은 정오부터 40분이 고작이었다.

그러나 나는 아직 젊어 꿈이 있었기에, 평생 실만 감으며 생을 마감하진 않을 것이며, 그럴 리는 없겠지만 행여 그럴 수 있는 형편에 처하더라도 그렇게 끝나서는 안 된다고 가슴은 늘 되뇌고 또 되뇌었다. 훗날에는 좀 더 나은 일자리를 얻게 될 테니 말이다. 게다가 더는 어린아이가 아니라고 생각했다. 작지만 어른이라는 발상 덕에 늘 기분이 좋았다.

얼마 후 상황이 달라졌다. 몇몇 친척과 친분이 있던 자상한 스코틀랜드 노인이 열세 살이 채 되지 않은 나를 공장에 데려간 것이다. 당시 그는 보빈*을 제작했다. 하지만 한동안은 방직공장보다 훨씬 더 힘들었다. 지하실에 있는 보일러를 점화하고, 기계를 돌리는 조그마한 증기기관을 가동하는 것이 내 업무였다. 보일러 점화는 그럭저럭 할 만했다. 다행히 석탄 대신 나무 땔감을 썼는데, 나무가 들어가는 일은 다 마음에 들었다. 그러나 냉각수를 적절히 채우고 엔진을 가동해야 할 책임과 더불어, 실수라도 하는 날에는 공장 전체가 폭발하여 가루가 될 수 있다는 위험 탓에 일을

---

* 보빈(bobbin): 방직 용구의 하나. 거친 실이나 꼰 실 등을 감는 통 모양의 실패 — 옮긴이

감당하기가 매우 버거웠던 것이다. 밤새도록 증기 압력계를 보며 잠을 이루지 못하는 날도 더러 있었다. 하지만 식구들에게는 힘든 내색을 하진 않았다. 그래서야 되겠는가! 가족에게는 늘 즐거운 모습만 보여야 했다!

나는 그 점을 자랑스럽게 생각한다. 아직 어린 동생을 빼면, 가족은 열심히 일했고 서로 긍정적인 메시지만 교환했다. 불평을 늘어놓거나 지레 포기하는 사람은 전혀 없었다. 그럴 바에는 차라리 죽는 편이 더 나을지도 모르겠다.

우리 집에는 하인이 없었고, 어머니는 일과가 끝나면 밤늦게까지 신발을 꿰매는 부업을 하며 매주 2~3달러를 저축하셨다! 아버지도 공장에서 고된 일을 마다하지 않으셨다. 그러니 내가 어찌 불만을 토로할 수 있겠는가?

마음씨 좋은 사장님 존 헤이는(고이 잠드소서!) 며칠 후 버거운 부담을 덜어주셨다. 계산서를 작성하고 계좌도 관리할 직원이 필요했기 때문인데, 보아하니 평범한 남학생 필체인 데다 "계산"도 썩 나쁘질 않아 개인비서로 채용했다. 물론 경리 업무는 시간이 많이 필요하지 않았기 때문에 대개는 위층 공장에서 힘든 노동을 감당해야 했다.

가난을 엄청난 불행으로 치부하며 한탄하는 사람들이 있다. 그리고 돈 많고 부유하기만 하면 삶이 행복하고, 보다 쓸모 있는 사람이 되고, 인생에서 보다 많은 것을 성취할 수 있으리라는 데 사람들이 동감하는 것 같다.

하지만 대개는 부유한 자의 궁전보다는 빈곤한 자의 조촐한 오두막에서 진정한 만족감과 인생다운 인생, 그리고 더 풍성한 삶의 결실을 맺을 수가 있다. 많은 하인의 시중을 받고 나이 들어서는 가정교사의 지도를 받아야 하는 부잣집 자녀를 보면 늘 한숨이 절로 나온다. 그리고 뭔가를 놓쳤다는 것을 알지 못하는 사실을 생각하면 기쁘기까지 하다.

그들은 다정다감한 아버지와 어머니의 슬하에서 풍성한 부의 축복을 누리고 있다고 생각하지만 정작 그러지 못하다. 가난한 아이는 아버지가 늘 동행하는 친구요, 가정교사요, 모범이고, 어머니는 간호사요, 교사요, 수호천사며, 성자이다. 그들은 그것을 알 수 있는 혜택을 누리지 못한 부잣집 자녀들보다 훨씬 더 부유하고 더 귀중한 재산을 가지고 있다. 다른 모든 재산도 그와 비교하면 하찮다.

가난하지만 정직한 가정이 얼마나 행복하고 순수하며, 걱정거리도 없는 데다, 사회의 시샘과 경쟁도 없고, 가정을 부양해야 한다는 공통의 관심사에 식구가 한마음이 되어 서로 사랑하는지 잘 알고 있기 때문에 부잣집 아이는 동정하고 가난한 사람의 아이는 축하해 주고 싶은 것이다. 저소득층은 강직하고 특출하며 자립심이 강한 까닭에 기가 꺾이지 않고 언제든 재기할 수 있다.

"태어났지만 죽음은 모르는" 불사의 존재가 담긴 명부를 입수한다면 대다수는 가난이라는 귀중한 유산을 안고 태어났다는 점을 알게 될 것이다.

요즘에는 가난을 퇴치해야 한다는 보편적인 욕구가 화제가 된 듯하다. 하지만 사치는 더더욱 퇴치해야 마땅하지 않겠는가? 정직하고 근면하며 자신을 희생할 줄 아는 가난을 퇴치한다는 것은 인류가 미덕을 창출해 낸 토양을 파괴하자는 주장과도 같다. 미덕을 갖춰야 지금보다 훨씬 더 숭고한 문명에 이를 수 있을 것이다.

이제 견습 기간 중 셋째 단계로 이행한다. 알다시피, 두 단계를 밟았으니 말이다(방직공장과 보빈공장을 거쳐 세 번째에 배달이라는 기회가 찾아왔다). 나는 나이 열넷에 전보배달원으로 피츠버그 전신국에 입성했다. 신세계에 발을 들인 것이다.

책과 신문, 연필과 펜, 잉크, 메모지, 깨끗한 사무실과 햇살이 좋은 창, 문학적인 정취가 물씬 풍기는 분위기에서 나는 가장 행복한 소년이었다.

다만 한 가지 두려웠던 점은 피츠버그를 잘 모르는 탓에 언젠가는 해고될지도 모른다는 것이었다. 전보를 배달하려면 이를 자주 받는 일반인이나 회사는 훤히 꿰고 있어야 했기 때문이다. 피츠버그는 처음이었으나, 중요한 도로에 있는 사업장을 자주 다니며 길을 익히기로 결심했다. 그러다 보니 눈을 감은 채 우드 스트리트 한 편에서 출발하여, 끝에 있는 사업장을 차례로 떠올리고는 다른 편으로 건너가 반대쪽 끝자락에 있는 회사도 빠짐없이 맞출 수 있었다. 얼마 후에는 피츠버그 전역에 분포된 도로의 사업장이 한눈에 들어왔다. 그제야 좀 안심이 되었다.

물론 포부가 큰 전보배달원이라면 전신기사가 되고 싶어 할 터였기에, 그들은 이른 아침 기사가 전신국에 출근하기 전에 기기로 전보 업무를 실습하곤 했다. 나 또한 예외가 아닌지라, 다른 전신국에 있는 어린 견습생에게 회선을 통해 메시지를 주고받을 수 있었다.

어느 날 아침, 필라델피아 전신국은 피츠버그 전신국을 호출하며 "부고 전보"를 전했다. 부고 전보에 혼신을 다해 집중한 나는 이를 수신해야겠다고 마음먹었다. 나는 호출에 응답해 전보를 수신한 뒤 밖으로 나가 전신기사가 출근하기 전에 받은 전보를 전달했다. 그러자 그 뒤로부터 전신

기사들이 이따금씩 일을 부탁했다.

소리에 민감한 나는 곧 귀로 메시지를 수신하는 요령을 터득했다. 당시로선 매우 드문 일이었다(기억하기로는 미국에서 그럴 수 있는 사람은 딱 둘이었다). 요즘 기사들은 다들 귀로 수신한다. 삼척동자라도 이해하고 해낼 수 있는 일이라면 누군들 못할까(꼭 그래야 한다면 말이다). 이를 계기로 나는 전신기사로 채용되었고, 25달러라는 어마어마한(내 기준에서 그렇다는 이야기다) 대가를 매월 받게 되었다. 연봉으로 따지면 300달러에 육박했다!

고정임금치고는 정말 큰 액수였다. 공장에서 일할 때만 해도 300달러는 꿈에서나 그리던 연봉이었다. 가족 입에 풀칠을 하고, 자립하거나 그럴 흉내라도 내려면, 매년 300달러는 족히 들었기 때문이다. 드디어 꿈이 이루어졌다! 그러고 나니 초과 근무에 대한 수당도 덤으로 들어왔다.

당시 피츠버그에 있던 여섯 개 신문사는 모두 뉴스를 전보로 받았다. 그 전보를 여섯 부 만들어 각 신문사에 발송하는 일은 담당하는 사람이 있었는데, 그는 주당 6달러를 받았다. 하루는 그가 주당 1달러를 줄 테니 그 일을 대신하지 않겠느냐고 물었다. 신문에 흥미를 느끼고 있던 나는 재미삼아 투고해 왔던 터라 기꺼이 그러겠다고 했다.

저녁이 되면 내가 준비한 기사를 받기 위해 기자들이 찾아왔고, 어느새 나는 엘리트들과 친분을 쌓을 수 있었다. 매주 들어오는 1달러는 용돈으로 챙겼다. 그건 가족에 보탬이 될 수입에는 넣지 않았다.

이것이 "사업"이라고 온전히 간주될 만한 과정으로 넘어가기 전의 마지막 단계가 아닐까 싶다. 알다시피, 다른 수입은 정규직에서 벌어들인 임금이 유일했다. 그러나 이것은 내 스스로 감당해야 할 조그마한 사업이었기에 주급 1달러는 매우 자랑스러웠다.

그 얼마 뒤에 펜실베이니아 철도가 피츠버그에 개통되었고, 천재였던 토머스 A. 스코트는 감독으로 일을 하였다. 그는 앨투나에 있는 총감독과 소통하기 위해 종종 전신국을 찾았다. 나와의 인연은 그렇게 시작되었다.

펜실베이니아 철도회사가 자체적인 전신 시스템을 구축할 때, 그는 나를 비서 겸 교환원으로 채용할 의사를 내비쳤다. 그리하여 나는 전신국(젊은 사람이 아주 묻혀 버릴 위험이 큰)을 빠져 나와 철도회사와 인연을 맺게 되었다.

신규 채용으로 임금이 크게 올랐다. 월급이 25달러에서 35달러로 껑충 뛴 것이다. 스코트 씨는 매월 125달러를 받았는데, 나는 그가 도대체 그 돈으로 뭘 할 건지 궁금해 하곤 했다.

　펜실베이니아 철도회사에는 13년을 근무했다. 그사이 나는 스코트 씨의 자리를 대신해 피츠버그 지사의 감독으로 승진했고, 스코트 씨는 부사장으로 올랐다.

　어느 날, 자상하고 특히 나를 많이 챙겨 주던 스코트 씨는, 내가 투자금 500달러를 갖고 있는지, 그렇지 않다면 혹시라도 이를 조달할 수 있는지 물었다.

　이때 사업 본능이 발동했다. 내 상사와 함께 투자할 기회가 열렸으니 이를 붙잡지 못할 바에야 차라리 무모한 짓이라도 벌여야겠다고 마음먹은 것이다. 그래서 즉각 대답했다.

　"예, 할 수 있을 것 같습니다."

　"좋아, 잘 알겠네. 애덤스 익스프레스 컴퍼니의 주식 10주를 갖고 있는 사람이 얼마 전에 세상을 떠났지 뭔가. 자네가 매입했으면 하네. 가격은 주당 50달러일걸세. 혹시라도 자금이 부족하면 내가 지원해 줄 수도 있네."

　입장이 좀 난처해졌다. 당장 동원할 수 있는 가족의 재산은 몽땅 털어도 500달러에는 크게 미치지 못했기 때문이다. 하지만 기량과 용기와 수단으로는 우리를 실망시킨 적이 없었던 식구가 한 명 있었으니, 바로 어머니라면 어떻게든 돈을 융통할 수 있으리라고 나는 확신했다.

사실, 스코트 씨가 우리 형편을 알았더라면 자신이 먼저 내줬을 것이다. 하지만 가난한 형편을 털어놓고 남들에게 신세를 지는 것이란 자랑스러운 스코틀랜드인이 세상에서 맨 마지막에 해야 할 일이다. 당시 우리 가족은 월세를 아낄 요량으로 조그마한 집을 겨우겨우 구입했었다. 구입가는 800달러로 기억한다.

그날 저녁, 셋이 모인 자리에서 그 문제를 꺼내자 귀중한 조언을 아끼지 않던 어머니가 입을 여셨다. "꼭 성사시켜야 하지 않겠니? 집을 담보로 대출을 받자꾸나. 내가 아침에 오하이오 행 증기선을 타고 삼촌을 만나 손 좀 써달라고 해야겠구나. 삼촌이라면 할 수 있을 거야." 결국 어머니는 성공적으로 일을 성사시키셨다. 어머니가 발 벗고 나서서 실패한 적이 있었던가.

자금이 조달되어 이를 지급하자, 나는 애덤스 익스프레스 컴퍼니의 주식 10주를 확보할 수 있었다. 하지만 조그마한 집이 "아들에게 사업을 시작할 기회를 줄 요량으로" 담보가 되었다는 사실은 아무도 몰랐다.

애덤스 익스프레스 컴퍼니는 매달 1퍼센트의 배당금을 지급했고, 마침내 첫 5달러 수표가 도착했다. "존 핸콕"이라고 커다랗게 쓴 "출납담당 J. C. 배브콕"의 서명은 아직도 기억이 생생하다.

일요일인 이튿날, 줄곧 함께 근무해 온 친구들과 늘 그랬듯이 인근 숲에 산책을 가서는 자리를 잡은 뒤 수표를 보여 주었다. 그러자 탄성이 나왔다. "오, 이런! 결국 해냈구나!"

우리 모두에게는 정말 신기한 일이었다. 몸소 수고하지 않고도 무언가를 벌어들인 적은 없었기 때문이다. 자본에서 이익이 창출된다는 것은 이례적이고도 기묘한 사건이었다.

돈으로 돈을 벌 수 있다니, 이 같은 불가사의한 수입이라면 젊은이들에게 투기를 조장할 수 있는데. 나는 처음으로 "자본가"라는 찬사를 받게 되었다.

보다시피, 사업가가 되기 위한 견습 기간의 시작은 만족스러웠다.

그러던 어느 날, 운명을 바꿀 중차대한 사건이 벌어졌다. 열차 안에서 자상한 농부처럼 보이는 신사가 다가오더니 내가 펜실베이니아 철도회사의 관계자라는 사실을 차장에게서 들었다며 꼭 한번 보여 주고 싶은 것이 있다고 했다. 그는 작은 초록색 가방에서 침대차의 모형을 꺼냈다. 그가 바로 발명가 우드러프였다.

가치가 대단할 거라는 생각이 뇌리를 스쳤다. 나는 다음 주에 앨투나에 와달라고 부탁했고, 당일 그는 현장에 나타났다. 스코트 씨는 두뇌 회전이 빠른지라 아이디어를 순식간에 파악했다. 관계자들은 펜실베이니아 철도회사에서 시험차량 두 대를 보유한다는 계약을 우드러프와 체결했다. 그는 앨투나를 떠나기 전, 이 모험적인 신사업에 주주가 되어 줄 것을 제안했고, 나는 즉각 승낙했다. 하지만 침대차 두 량을 제작하는 데 필요한 자금을 어떻게 마련해야 할지 막막했다. 차량 구입가는 인도 후 할부로 지급하는데 첫 할부 금액만 해도 217.5달러였다.

그런 거액은 수중에 있지도 않았거니와 이를 확보할 방편 또한 찾을 길이 없었다. 궁여지책 끝에 나는 현지 은행가를 찾아가 매월 15달러씩 상환하겠다는 약속과 함께 대출을 부탁하기로 결심했다. 그는 흔쾌히 허락했다. 내 어깨에 손을 올리며 한 말은 아직도 잊을 수가 없다. "그럼, 여부가 있겠나? 앤디라면 당연히 해줘야지!"

그때 처음으로 내 첫 번째 어음에 서명을 했다. 그땐 정말 자신이 자랑스러웠고, 내가 명실상부한 "사업가"로 거듭나고 있다는 점에 이견을 달 사람은 아무도 없으리라 확신했다. 나는 내 첫 번째 어음에 서명을 했고, 무엇보다 중요하게도(어음에 서명하는 것은 누구나 할 수 있으니), 은행가가 내 어음을 기꺼이 "유효한" 것으로 받는 것을 발견했다.

이후부터는 침대차로 벌어들인 수입에서 할부금이 지급되었고, 우드러프 슬리핑카 컴퍼니에 투자한 덕분에 상당한 이익을 처음으로 올릴 수 있었다. 훗날 이 회사는 현재 세계적으로 그 이름이 알려진 비범한 인물인 풀먼 씨에게 인수된다.

얼마 후, 나는 피츠버그 지사의 감독으로 지명되어 그리운 고향으로 돌아왔다. 연기가 희뿌연 피츠버그로 말이다. 당시만 해도 목재 교량이 전용 철도로 이용되었지만, 펜실베이니아 철도회사는 주철로 제작된 교량을 시험하고 있었다. 목재 교량은 얼마 못 갈 것 같다는 판단에 나는 철교를 세우는 회사를 피츠버그에 설립했다.

나는 다시 은행을 찾았다. 내 지분의 자본금이 1,250달러였지만, 그 돈이 없었기 때문이었다. 하지만 은행이 이를 대출해 준 덕에 우리는 키스톤 브릿지 웍스를 창업해 큰 성공을 거두었다. 이 회사는 약 90미터 정도 뻗은 교량 1호를 오하이오 강 위에 건설했고, 그 이후에도 굵직한 구조물을 다수 제작했다.

이것이 나의 제조업의 시작이었다. 그리고 이것을 시작으로 다른 모든 일들도 성장했고, 한 구조물에서 시작한 이득이 다른 구조물로 이어졌다. 사업가로 거듭나기 위한 나의 "견습 시절"은 곧 막을 내렸다. 사업에 집중하기 위해 펜실베이니아 철도회사의 임원직을 사퇴했기 때문이다.

그제야 나는 남의 밑에서 일하는 샐러리맨 꼬리표를 과감히 떼고 스스로 일하는 어엿한 사업가가 되었다.

남을 위해 일하는 데는 그다지 만족스럽지가 않았다. 무엇보다도, 철도회사의 임원은 공시된 임금에 만족해야 할 뿐 아니라 비위를 맞춰야 할 사람도 부지기수로 많다. 설령 사장이 된다 하더라도 급선무가 무엇인지 모르는 이사회를 둘 때도 더러 있는 데다, 이사회가 그럭저럭 만족스럽다 해도 그를 비방하는 주주가 있게 마련이며, 자산(資産)도 자신의 소유가 아닌 탓에 마음대로 관리하기도 어렵다.

스스로 주인이 되어 무언가를 만들고, 많은 사람에게 일자리를 제공한다는 생각을 하면 항상 기분이 좋았다. 피츠버그 주민이라면 제조업에 대해 떠올리는 생각은 딱 한 가지일 것이다. 피츠버그는 미국에서 철강 산업을 선도하는 "철강도시"로서 최고의 위상을 과시해 왔으니 말이다.

내 곁에 없어서는 안 될 총명한 파트너는 어릴 적 친구들이고, 그중 몇몇은 숲에서 5달러짜리 수표에 넋이 나가기도 했다. 그들은 발전을 거듭해 온 미국의 변화무쌍한 수요를 충족시키기 위해 사업을 시작했고, 매년 이를 확장해 나가고 있다.

우리는 영역을 더는 넓히지 않으면 좋겠지만, 사실 발전의 중단은 퇴보와 다르지 않다는 점을 깨달았기에, 오늘날 지속적인 개선과 혁신이 급속도로 서로의 뒤를 쫓아 많은 목표가 실현되고 있다.

철강 제조업체의 발전이 중단된다면 그때부터는 부패하기 시작할 테니 우리는 끊임없이 발전해야 하는 것이다. 이 같은 발전 덕택에 피츠버그에서는 강철 1파운드를 2센트에 구입할 수 있다. 이런 가격은 지구상 어디에서도 찾아볼 수 없을 것이다. 현재 미국은 세계 제일의 철강 산업국으로 부상했다.

사업가가 되기 위한 견습 시절과 그 졸업에 대한 이야기는 이쯤에서 끝낼까 한다.

* 1896년 4월 23일 〈유스 컴패니언〉에 발표.

2장
사업 성공으로 가는 길
| 젊은이에게 들려주는 이야기 |

젊은이라면 처음엔 밑바닥부터 시작하는 것이 바람직하다. 피츠버그의 유력한 기업인 대다수 또한 사회 초년 시절에는 스스로 과중한 책임을 떠안았다. 이를테면, 출근 직후 몇 시간은 빗자루를 들고 사무실을 쓸었다는 것이다. 요즘은 회사에 청소관리원을 두고 있어 아쉽게도 젊은이들이 그토록 유익한 사업 교육을 놓치고 있다. 하지만 혹시라도 청소관리원이 어느 날 아침 자리를 비운다면 청년 중 훗날 회사의 파트너가 될 재목은 흔쾌히 빗자루를 쥘 것이다. 며칠 전에는 미시간에 사는 어느 멋쟁이 부인이 한 젊은이에게 자기 딸 프리실라처럼 근사하게 방을 청소하는 아가씨

를 본 적이 있는지를 물었다. 여태 그런 일이 없었으니 사실대로 "없다"라고 하자, 부인은 어쩔 줄 몰라 하며 입꼬리가 올라갔다. 이때 청년은 잠시 멈칫하며 "마당을 쓰는 모습도 보고 싶어지는 걸요"라고 대꾸했다는 후문이다. 필요하다면 신입사원에게 사무실 청소를 맡긴들 문제가 되진 않을 것이다. 나 역시 빗자루를 들었던 사람인데, 나와 함께 사무실을 쓸던 친구가 누군지 아는가? 앨러게니 밸리 철도회사의 데이비드 맥카고 현역 감독, 펜실베이니아 철도회사의 로버트 피트케임 감독, 피츠버그 시의 모어랜드 검사다. 우리는 둘씩 번갈아 가며 매일 아침 비질을 했다. 특히 데이비드는 깨끗한 흰색 셔츠 부점*을 자랑하고 싶어 실크 반다나 손수건을 그 위에 둘렀던 것이 기억난다. 일부러 보여 주려고 주머니에 그걸 넣어 두었던 것이다. 나를 비롯한 친구들도 그가 자랑을 한다고 생각했는데, 사실이 그랬다. 실크 손수건을 갖고 다니는 친구는 없었으니까.

직장에 취직해서 그럴싸한 출발을 했다면 "큰 포부"를 주문하고 싶다. 주요 기업의 대표나 파트너와는 거리가 멀

---

* 흰색 셔츠 부점(white shirt bosom): 셔츠의 가슴 부위를 가리키며 대부분 장식을 꾸민다. — 옮긴이

다며 지레 포기하는 젊은이는 내가 별 관심이 없다. 분야와 사업장의 규모를 막론하고 선임 점원이나 감독 혹은 총지배인이라는 직함에 안주해서는 안 된다. "역시 나는 정상이 어울리지"라며 자신을 격려하라. 기왕이면 왕이 되는 꿈을 꾸어야 하지 않겠는가. 흠잡을 데 없는 명성으로 정상에 이를 것을 맹세하라. 또한 집중력을 떨어뜨리는 서약은 피하되 칭찬을 받을 만하다면 그래도 나쁘진 않을 것이다. 예컨대, 회사의 일원이 되었거나 설령 그 전에라도, 회사에서 두세 번 진급하고 나면 가장 아름다운 여인과의 로맨스를 경험하리라 다짐해 보는 것은 어떨까? 물론 새로이 제정된 파트너십법(partnership act)은 거기에 적용되지 않는다. 하지만 그 책임은 무한하다.

 이번에는 성공을 좌우하는 조건 두서 가지만 거론할까 한다. 설교를 한다거나 성가신 덕담을 늘어놓진 않을 테니 지레 겁을 먹진 마시라. 나는 여러분이 성공한 사업가로 거듭날 수 있도록 돕고 싶어 안달하는, 처세에 밝은 일인의 소견으로만 화제를 풀어갈 참이다. 알다시피, 정직하지 않거니와, 진실하거나 공정하지 않은 사람이 대견하고도 명실상부한 성공을 누릴 수는 없는 법이다. 그러니 여러분이라면 지금뿐 아니라 앞으로도 그렇게 살 것이고, 청렴하고 존경받는 인생을 영위하고, 이성 또는 동성 간의 모호하고 유해로운 관계는 지양하기로 작정했다고 가정하겠다. 그렇지 않으면 품위 있는 미래를 기대할 수 없다. 여러분의 학력과 장점은 아무런 도움이 되지 않을 뿐더러 오히려 실패와 수치를 강조하는 데 전용될 것이다. 내가 고공행진을 가로막을 심각한 변수 셋을 지적하더라도 이를 불쾌하게 받아들이지 말기 바란다.

우선, 젊은 남성 대다수의 충동을 자극하고 그들을 파괴하는 가장 큰 적은 단연 음주다. 나는 금주 강연을 하면서도 겉으로는 아닌 척하는 그런 사람이 아니다. 그저 연구 결과가 입증한 사실을 잘 알고 이를 들려줄 따름이다. 여러분을 괴롭힐 만한 충동이야 음주 말고도 더러 있겠지만, 그것을 모두 감안하더라도 음주 습관만큼 경력에서 실패자로 낙인찍히게 할 만한 것은 없다. 여러분은 다른 거의 모든 유혹에 넘어갈지라도 마음을 다잡고 다시 분발할 수 있다. 그리고 회복할 기반을 잃지 않는 한 경쟁에서 최소한 살아남을 수 있고 존경받을 만한 지위를 차지하고 유지할 수 있다. 그러나 술독에 빠져 이성마저 잃었다면 음주의 늪에서 빠져나오기란 거의 불가능하다. 물론 이 같은 주장에 예외가 있긴 하지만 매우 드물었다. 우선 과음은 삼가야 한다.

술은 아예 만지질 않는 편이 낫다(그러는 게 훨씬 바람직하다고 봐야 옳다). 하지만 너무 버거운 규칙이라면 "밥을 먹을 때 외에는 술을 건드리지 않는다"라는 차선책도 고려해 볼 만하다. 만찬에 곁들인 술 정도는 인생의 발목을 잡거나 탄력을 떨어뜨리진 않는다. 다만 술집에서 술을 들이키는 것이 신사의 품위와 자긍심, 초지일관 갖춰야 할 자신 본연의 모습, 그리고 특히 스스로 결심했던 이상적인 목표와는 일치하지 않는다는 점을 명심하길 바란다. 술집에 드나드는 건 신사와는 너무도 거리가 먼 행동이다. 이러한 토대에 든든히 설 수 없다면 진로의 안전은 보장할 수 없을 것이다. 나의 규칙에 집중한다면 가장 악랄한 적의 위험은 이미 피한 것이나 다름없다.

  이 사회에서 젊은 사업가를 술 다음으로 꼬드기는 위험은 투기의 유혹이 아닐까 싶다. 내가 전신국 기사였을 때 우리 도시에는 증권거래소가 없었지만, 전신국 기사들은 동부증권거래소에서 투기를 일삼는 개인이나 회사를 알 수밖에 없었다. 다섯 손가락 안에 들만큼 수가 많진 않았는데, 첫인상부터가 왠지 우리와는 다른 시민인 양 위화감이 느껴졌다. 모두가 수상했다. 결국 투기꾼들의 삶은 돌이킬 수 없을 정도로 망가져 경제력뿐 아니라 인격까지도 파산하고 말았다. 투기로 번 거액을 잘 관리했다는 경우는 들은 적이 거의 없다. 도박꾼은 가난을 뒤로 한 채 삶을 마감하게 마련이고, 지역 사회에 이바지했다거나 가슴에 손을 얹고도 한 점 부끄럼 없는 삶을 산 투기꾼은 한 사례도 찾아볼 수가 없다. 조간신문을 펼쳐 증권거래소에서 벌인 자신의 투기가 어떤 결과를 낳았는지 확인할라치면 냉정을 찾는다거나, 당일 오후에라도 부딪쳐야 할 사업상의 문제를 해결하는 데 마음을 쏟을 여유는 기대할 수 없을 테고, 주력 사업의 성공과 안전을 좌우하는 지속적이고 집중된 에너지원도 저하될 것이다.

투기꾼과 사업가의 길은 결코 수렴하는 법이 없다. 투기꾼은 급작스레 돌아가는 행운의 수레바퀴에 집착한다. 행여 오늘 백만장자가 되더라도 내일이면 파산하고 말 것이다. 반면, 명실상부한 사업가는 수년간 끊임없이 인내하며 업무에 관심을 두어야만 대가를 받을 수 있고, 운이 아니라 잘 계획된 수단을 활용해야만 목적을 달성할 수 있다는 점을 인정한다. 수년이 흐르더라도 그는 이웃에 부를 나누지 않고는 아무런 유익도 기대할 수 없다는 생각에 마음은 되레 흡족할 것이다. 이웃과 사회의 공익을 감안한다면 투기꾼은 아예 태어나지 않는 편이 더 낫지 않을까 싶다. 피츠버그만 해도 청년 수백 명이 대박의 유혹을 못 이겨 석유에 대거 투자했다가 얼마 안 가서 다수가 빈털터리가 됐고, 이해득실을 떠나 모두가 다치는 사건이 벌어진 바 있다. 여러분이라면 아마도, 아니, 여러분이었더라도 그럴 마음이 아주 없진 않겠지만 혹시라도 그렇다면 나의 조언을 명심하기 바란다. 푼돈 정도는 없는 셈치고 투자해 보라는 사람에게는 "그럴 바에야 정당하게 속일 수 있는 조촐한 일반 가정집에 가겠다"고 선을 긋는 것이다. 거기서라면 빨간색과 검은색 트럼프가 모두 같은 확률을 가지는 공정한 도박을 즐길 수 있지만, 증권거래소에는 두 가지 색깔의 구분이 없다. 그러니 쓰리카드몬테*를 진행하는 도박꾼에게 행운을 걸어 보는 건 어떨까? 투기를 두고 짚어 볼 점이 하나 더 있다. 젊은 사업가에게 가장 중요한 것은 때 묻지 않은 신용이며, 신용은 사업가의 성품이 안정적이고 원칙이 있으며 신중하다는 확신을 들게 한다. 기업이나 개인이 투기에 가담했다는 사실을 은행 이사회가 아는 순간 신용은 즉시 땅에 떨어졌다고 봐야 한다. 투기로 한순간에 떼돈을 벌든

---

* 쓰리카드몬테(three-card-monte): 퀸을 포함한 카드 3장을 보인 다음 교묘한 솜씨로 뒤섞어 엎어 놓고는 그 퀸을 맞추게 하는 도박 — 옮긴이

잃든 그건 전혀 중요하지 않다. 어떤 이가 투기에 가담했다는 사실이 알려지는 순간 그의 신용은 타격을 입고 조만간 영영 사라져 버릴 것이다. 투기꾼들 사이에 생긴 공황으로 가진 돈을 한 시간 내에 몽땅 잃을 수도 있다면, 그 사람을 누가 신뢰할 수 있겠는가? 그렇다면 그가 투기판에 들어간 경위를 누가 알려 줄 수 있을까? 몽땅 잃을 수도 있다고 떳떳하게 밝히지 않는 한 알 길이 없다. 따라서 그를 믿은 사람은 스스로에게 책임을 물어야 할 것이다. 사업가가 되기를 결심하고, 결코 투기꾼이 되려 하지 마라.

마지막 세 번째 위험은 보증으로, 보증은 순조로운 출발에 번창하리라는 장밋빛 전망이 무색하리만큼 수많은 유망주를 도탄에 빠뜨렸다. 보증은 매우 위험한 습관으로, 우정을 깨뜨린다는 점을 감안한다면 정말 무모하기 짝이 없는 짓이다. 인심이 후한 본능에 호소할라치면 "이름만 빌려 주면 친구에게 힘이 될 수 있다는데 어찌 일언지하에 거절할 수 있겠습니까?"라고 대꾸할 것이다. 보증이 매우 위험하다는 소견은 사실인 데다 공감이 가는 점이 상당히 많다. 보증에 대해 안전하고도 품위를 지킬 수 있는 원칙을 소개할까 한다. 보증은 절대 서지 않겠다는 원칙을 세우라. 이는 금주나 금연, 혹은 기타 "금지사항"과도 같다. 금지사항은 대개가 예외적인 결과를 낳게 마련이다. 지금이야 사업가라고 해도 조금 지나면 친구의 담보가 되고 말 것이다. 친구의 성공을 위한 배려가 막을 내리고 여러분의 품위에 대한 배려가 시작되어야 할 기준선이 그어진 셈이다.

 갚아야 할 빚이 있다면 여러분의 모든 자산과 자본은 여러분의 손에 엄숙히 맡겨진 것이므로 신탁자의 안전을 위해 존중해야 마땅하다. 자신에게 최초로 맡겨진 권리를 위태롭게 하면서까지 품위를 지키는 일은 없다. 부채가 있는 사람이 남을 위해 보증을 섰다면, 그는 자신의 신용이나 자본에 피해를 입히는 것이라기보다는 채권자의 신용과 자본에 모험을 거는 거라 해야 맞다. 신탁을 위반했다는 이야기다. 그러니 빚을 갚는 데 쓸 필요가 없는 여유자금이 없다면 보증은 접어두고, 있더라도 그 한도를 벗어나선 안 된다. 서명을 하기에 앞서, 보증을 증여로 간주해야 하고, 보증이 친구에게 베풀고 싶은 선물인지, 혹은 자금이 자신의 것인지, 채권자가 맡긴 것은 아닌지 숙고해야 한다.

 여러분, 청렴한 사업가가 자리 잡을 수 있는 유일한 토대에 견고히 서지 않으면 언제 위기에 봉착할지 모른다.

 요컨대, 술과 투기 및 보증을 삼가라. 어느 하나에서라도 실패해선 안 된다. 술과 투기는 청년이 항해할 사업의 바다에 있는 스킬라*와 카리브디스**이며, 보증은 곧 마주치게 될 암초이기 때문이다. 만약 이처럼 심각한 변수에 대해서는 안전하다면, 성공가도를 타고 부하직원에서 마땅히 차지할 성싶은 직위까지 오를 수 있는 비결이 문제가 될 것이다. 나만의 노하우를 전수하자면, 대개는 이런 물음에서 찾을 수 있다. 이를테면, '고용주를 위해 내가 무엇을 해야 하는가?'를 묻는 대신 '내가 무엇을 할 수 있는가?'를 자문해 보라. 성실하고 양심에 거리낌 없이 자신에게 맡겨진 의무를 이행하는 것이 물론 바람직할 터인데, 이런 경우라면 대개는 당장의 임무를 충실히 완수하여 향후에도 업무를 꾸준히 소화해 내야 한다는 지론이 대체적인 소견일 것이다. 청년 여러분, 하지만 그것만으로는 부족하다. 미래에 파트너가 되려 한다면 더더욱 모자란 감이 있다는 이야기다. 그 이상의 무언가가 필요하다. 이 자리에 있는 청년들 중에서 점원, 경리담당, 재무담당, 은행원이 나오겠지만, 그걸로 인생을 마치는 사람도 있을 것이다. 성공하는 사람은 남과 다른 무언

---

* 스킬라(Scylla): 머리가 여섯 개에 목은 뱀처럼 길고 허리에는 개의 머리가 달린 괴물 — 옮긴이

** 카리브디스(Charybdis): 하루에 물을 세 번씩 삼켰다가 뱉어낸다는 소용돌이 — 옮긴이

가를 해내고, 담당 부서의 범위를 능가해야 한다. 즉, "주목을 끌어야 한다"는 것이다. 선적 직원은 담당 업무와는 무관하겠지만 의당 관심을 가져야 할 직원이 놓친, 송장의 오류를 찾아낼 수 있다. 무게를 다는 직원이라면 그 업무가 정비사의 분야일지라도 저울의 영점이 제대로 맞춰졌는지 의심해 보고 이를 수정함으로써 회사에 보탬이 될 수 있을 것이다. 메시지를 전달하는 심부름꾼의 경우라면 바람직한 답변을 얻기 위해 지침을 탈피, 승진의 씨앗을 뿌릴 수 있으리라. 유능하고 강한 의지의 청년이 믿음직하고 유능한 자질이 있고, 성공하겠다는 불굴의 의지(좀 더 중요한 자질이다)가 있는데도, 이를 증명할 수 없을 정도로 단순하거나 비천하거나, 혹은 아주 고매한 직업은 없다. 언젠가는 여러분이 몸담고 있는 부서에서 누군가가 회사에 득이 되지 않을 게 뻔한 업무나 발언을 지시하는 날이 올 것이다. 그때가 기회다. 성인답게 소신을 밝히라. 과감하게 이야기하고 이유를 조목조목 해명하여, 고용주가 다른 문제를 해결하느라 골머리를 앓고 있을 때도 회사의 발전에 보탬이 될 수 있는 길을 고민해 왔다는 점을 몸소 보여 주라. 여러분이 옳을 수도 있고 틀릴 수도 있지만, 어느 쪽이든 성공을 위한 첫 번째 조건은 이미 달성한 것과 다름없다. 일단 주목은 끌었으니까. 그제야 고용주는 돈만 주면 뭐든 하는 품꾼이 아니라 서비스 정신이 투철한 재목을 두었고, 고작 몇 시간 하는데 거액을 주어야 만족하는 사람이 아니라 짬이 날 때마다 사업에 몰두하는 그런 인재를 채용했다는 사실을 깨닫게 된다. 그런 직원이라면 웬만하면 후한 인심으로 높은 점수를 주어야 마땅하다. 머지않아 본인의 부서 내 임원이 조언을 요청할 것이고, 조언이 타당하다면 그 폭도 곧 넓어질 것이다. 파트너십은 이때 조성된다. 파트너십은 현역 고용주가 아닌 제3자와도 얼마든지 이루어질 수 있다. 이럴 경우, 여러분의 발은 성공가도를 내딛게 된다. 물론 얼마나 오를지는 전적으로 본인의 역량에 따라 달라질 것이다.

"오너와의 관계를 끊으려면 지시를 어기라"는 옛말이 자주 들리는데 이는 그릇된 이야기이다. 그래서는 안 된다. 즉, 여러분이 따라야 할 규칙은 아니라는 이야기다. 그보다는 오너를 살릴 수 있다면 지시를 과감히 어기는 편이 나을 것이다. 때로는 틀에 박힌 규정과 대립하며 스스로 새로운 규칙을 창출해 내지 않은 위인은 여태 없었다. 그런 규칙은 의욕이 없는 사람에게나 어울릴 법하나, 여러분은 오너가 되어 잘못된 지시는 어기고 새로운 지시를 내리는 운명을 타고났다는 점을 잊지 않았을 것이다. 고용주에게 득이 되고, 결과를 두고는 책임을 감당하겠다는 확신이 선다면 언제든 주저하지 말고 행동하라. 부서의 업무를 오너보다 더 잘 알지 못한다면 회사의 파트너가 될 수 없다. 누군가가 독단적인 행동의 해명을 요구한다면 본인만의 재능이 가져다 줄 결과를 비롯하여 앞으로 일이 그렇게 돌아갈 거라는 점과 오류투성이인 지시를 꼬집어 주라. 이처럼 보스의 보스가 되는 것은 이를수록 좋다. 그러니 서두르자. 보스가 될 자격이 확실하다면 여러분을 맘에 들어 하겠지만, 그렇지 않다면 보스는 동업자가 될 재목은 아니다. 그런 사람이라면 희생이 따르더라도 언제든 떠나는 편이 낫다. 천재성을 인정할 줄 아는 오너를 찾으라. 카네기 사(社)의 젊은 파트너는 우리가 저들보다 절반도 모른다는 점을 입증하여 성공가도를 달릴 수 있었다. 그중 일부는 때때로 회사의 오너처럼 처신하여, 그들 앞에서 나는 아무것도 모르면서 가르치려 드는 젠체하는 뉴요커에 불과했다. 지금 그들에게 딴죽을 걸 사람은 거의 없다. 그들이야말로 우리가 찾던 진정한 보스니까.

  미래의 파트너, 즉 장차 백만장자가 될 인재의 분명한 특징이 있다면 수입이 늘 지출을 초과한다는 것이다. 그는 일찌감치 직업 전선에 뛰어들자마자 돈을 저축한다. 저축할 수 있는 금액이 아무리 적더라도, 그마저도 저축한다는 이야기다. 꼭 채권이 아니더라도 이를 안전하게 투자하라. 타당한 이익 창출이 확실하다면 무엇이든 좋지만 그 돈으로 도박은 금물이다. 이를 준수한다면 아주 드문 투자 기회가 조만간 저절로 나타나게 될 것이다. 적은 액수를 저축했더라도 그것이 훗날에는 대출 한도의 놀라운 근간이 될 테니 말이다. 자본가는 저축하는 청년을 신뢰한다. 어렵사리 저축하여 창출할 수 있는 이익이 있다면, 동업자를 찾는 거부는 100달러를 믿고 1천 달러를, 1천 달러에 대해서는 5만 달러를 융자해 줄 것이다. 그가 요구하는 것은 자본이 아니라 이를 창출할 사업가다운 습관이 있다는 점을 입증한 인재이며, 자기 절제를 통해 모든 수단을 동원하여 자본을 창출한다는 것은 재력을 위해 습관을 고쳐 나간다는 뜻이기도 하다. 청년 여러분, 은행에 저축한 첫 100달러라면 확실한 보증 수표가 될 것이다. 당장에라도 저축을 시작하라. 부지런히 모으는 청년이 백만장자의 주류를 이룰 테니까.

  당연히 저축보다 더 원대하고 바람직한 목표는 얼마든지 있다. 부를 목표 삼아 극단적으로 거머쥐려고 하면 사람이 야박해질 따름이다. 재물은 세상에 발을 붙이며 사는 동안 공익을 실현하는 데 보탬이 될 수단으로만 축적하길 바란다. 지출이 수입을 넘어서는 안 된다는 절대 법칙을 다시금 명심하라.

몇 해가 가도 말단에서 헤어날 기미가 보이지 않는다면 조바심이 나거나 낙심할 수도 있겠다. 막대한 자본이 필요한 이 도시에서라면 자본이 없는 청년이 사업에 뛰어들기는 더더욱 힘든 것이 당연할지도 모른다. 사업이 점점 거대 관심사들로 향하고 있으니까. 정말이지 어렵기가 짝이 없을 것이다. 하지만 사기 진작을 위해 들려주고 싶은 말은, 유능하고 열정적인 젊은이가 여기서 출세하지 못한다면 전 세계 어디에서도 성공하지 못할 것이고, 여기보다 일인자가 차지할 자리가 더 많은 곳도 없다는 것이다. 유능한 A급 경리("유능한 A급"에 주목하라)의 수요를 맞추기란 불가능하다. 공급이 수요와 동일한 적도 여태 없었다. 하지만 일부 청년들은 성공이 불가능한 예외적인 환경을 탓하며 오만가지의 변명을 갖다 대기 일쑤다. 이야기를 들어 보면, 몇몇은 아주 기회가 없다고 하는데 그건 어불성설이다. 취직한 이후, 단 한 번의 기회와 절호의 기회를 만난 적이 없는 사람은 없기 때문이다. 첫 출근 날부터 직속상관의 머릿속에서 검증이 될 테고, 얼마 후 실력이 인정된다면 경영진이 그를 평가하게 될 것이다. 이를테면, 능력과 정직성, 습관, 팀워크 자질,

성격 및 성향이 모두 꼼꼼한 분석과 측정의 과정을 거친다는 이야기다. 기회를 만나지 못한 청년은 수차례 평가, 분석해 보았지만 회사에 필요한 자질이 부족하거나, 회사와 인연을 맺을 가치가 없다고 판단된 직원과 다르지 않다. 무례한 언동이나 호감이 가지 않는 습관이나 혹은 저조한 유대감이 되레 고용주가 무관심하다는 오해를 불러일으켰을 것이다.

어떤 젊은이들은 고용주가 불공평하게 출세를 도운 친인척이나 편애하는 사람 탓을 하며 자신의 실패를 정당화한다. 그뿐 아니라, 고용주는 저보다 더 똑똑한 직원은 선호하지 않는 데다 야심찬 인재의 사기를 꺾고 싶어 하며 그들을 깔아뭉개는 데 희열을 느낀다고 주장하기도 한다. 사실과는 전혀 다른 이야기다. 그와는 반대로, 고용주만큼 적재적소에 둘 인재가 없어 고충을 겪고 그를 찾는 데 혈안이 된 사람은 없을 것이다. 오늘날 피츠버그에 사업 역량을 끊임없이 물색하지 않는 회사는 없다. 관계자라면 시장에 늘 인재가 없다고 입을 모을 것이다. 그러나 인재가 갖춘 역량을 필요로 하는 시장은 늘 호황이니, 그 역량을 키워야 한다. 내다 팔 수 있는 일정 양의 역량을 키운다면, 여러분을 위한 최고의 시장이 있으며, 재고 과잉이 생길 수 없다. 그리고 팔아야 할 역량이 많을수록 더 좋은 가격을 받는다. 비록 그런 역량이 언제나 풍년을 보장하는 메리귀(wild oats) 만큼 확실한 작물인지는 확신할 수 없지만, 팔 수 있는 시장을 찾는다는 점에서 역량은 메리귀보다 언제나 더 유리하다. 법적으로 아무런 하자가 없다면 어떤 사업에든 발을 담그는 데 주저해서는 안 된다. 미국에는 특별한 관심을 계속 쏟아붓고, 유능하고 근면한 인적 자본을 투입해서 막대한 이익을 창출하지 못할 몹쓸 사업(업종이 뭐든 상관없이)은 없기 때문이다. 사업이라면 당연히 침체기가 있기 마련이다. 도시의 제조업체나 상인에게는 끔찍한 시련이 어김없이 몇 해씩 찾아오는데, 이때 공장은 이익은 둘째 치고 손해를 보더라도 가동되어야만 기업과 개인이 연명하며 고용을 유지할 수 있다. 어쩌면 이럴 때일수록 더 신경을 쓰는 탓에 제품이 시장에서 차질 없이 유통되는지도 모르겠다. 하지만 소비자가 요구하는 제품을 생산, 취급하는 합법적인 기업은 제대로 운영하면 조만간 엄청난 이익을 창출하게 될 것이다.

성공하는 데 갖춰야 할 필수조건이 있다. 내가 주장하는 원대한 비결은, 현재 발을 담근 사업에 에너지와 정신과 자본을 집중하라는 것이다. 어느 라인에서 시작하든 그 선에서 끝까지 싸우며 주도권을 쟁취하고, 형편에 따라 융통성을 발휘하며, 최적의 설비를 구비하며 그 방면의 지식도 늘려야 한다.

실패한 관심사는 자본을 분산시켰던 곳이다. 이 말은 역량 역시 분산시켰다는 뜻이다. 그들은 이곳, 저곳, 아니면 다른 곳, 여기, 저기, 그리고 모든 곳에 투자를 했다. "달걀을 모두 한 바구니에 담지 마라"라는 격언은 틀린 말이다. 대신 "달걀을 모두 한 바구니에 담고 이를 지켜보라"는 것이 나의 지론이다. 주변을 둘러보면 분명히 눈에 띌 것이다. 그러는 사람치고 실패하는 경우는 거의 없을 테니까. 바구니 하나를 가지고 다니며 그에만 신경을 쓰는 편이 오히려 더 쉽지 않겠는가? 미국에서는 많은 바구니를 가지고 다니면 힘도 들고 달걀도 적잖이 깨진다. 바구니 셋을 가지고 다니려면 하나는 머리에 이어야 할 텐데, 그럴라치면 실수로 발을 헛디딜 가능성이 커진다. 미국 사업가의 한 결점은 집중의 부족이다.

지금까지의 소견을 요약하자면, 최고를 목표로 삼고, 술집에는 얼씬도 하지 말며, 술은 만지지도 말되 정 못 참겠다면 식사 때만 하고, 투기를 삼가고, 여유 자금을 웃도는 피해가 예상되는 보증은 피해야 하며, 회사의 이해관계가 곧 자신의 것임을 자각하며, 오너를 살리기 위해서라면 과감히 지시를 위반하며, 집중하며, 계란은 한 바구니에 모두 담고 이를 주시하며, 수입 내에서 지출하며, 끝으로 조바심을 내서는 안 된다는 것이다. 에머슨의 말마따나, "속임수로 궁극적인 성공을 방해할 수 있는 사람은 자신뿐"이기 때문이다.

힘겨운 업무에 전념할 수밖에 없는, 내공과 명예가 남다른 가문에서 태어난 가난한 청년에게 축하의 박수를 보내고 싶다. 한 보따리의 채권은 젊은이가 지기에는 너무 벅찬 짐이다. 대개는 그 밑에서 비틀거릴 것이다. 피츠버그에는 사회에 유익한 일등 시민의 대열에 당당히 들어간 청년들의 믿을 만한 사례가 있다. 그렇다면 명성을 누릴 만하겠지만, 거부인 아버지에게서 태어난 자녀 중 상당수는 부에 수반되는 유혹을 물리치지 못해 부끄러운 인생으로 전락하기 십상이다. 나라면 전능한 돈으로 젊은이에게 짐을 지우기보다는 차라리 저주를 퍼붓겠다. 의당 두려워해야 할 경쟁자는 그런 계층에서 나오지 않는다. 제휴업체 대표의 자녀도 그리 문제가 되진 않을 것이나, 여러분보다 더 가난한 젊은이들, 결정적인 주도권을 쥐게 할 교육도 제대로 시켜 주지 못했던 부모 슬하에서 자란 그들을 경계하라. 출발 직후에는 뒤지는 듯하다 관람석 정면에서 보란 듯이 추월하고 말 테니까. 초등학교를 졸업하자마자 직업 전선에 뛰어들며 사무실 청소부터 시작한 친구를 주시하라. 그들이야말로 여러분이 경계해야 할 다크호스일지도 모르니까 말이다.

* 1885년 6월 23일, 피츠버그 커리 상과대학에서 학생들에게 한 연설문.

3장
어떻게 부를 얻을 것인가

　노동은 크게 농업과 산업, 두 부류로 구분한다. 여기에 다양한 동력이 가동된다. 농업에서는 토지가 다수에게 분배되고, 산업에서는 사업이 소수의 손에 집중될 가능성이 크다. 헨리 조지 씨가 쓴 《진보와 빈곤》에서 눈에 띄는 심각한 오류 둘 중 하나는 토지가 점점 더 소수의 손에 넘어가고 있다는 주장이다. 저자가 근거를 마련하기 위해 조사한 정확한 정보의 유일한 출처는 인구조사인데, 그에 따르면, 1850년 당시 국내 농경지의 평균 면적은 203에이커이며, 1860년과 70년에는 각각 199, 153에이커이고 1880년에는 좀 더 감소하여 134에이커인 것으로 조사되었다고 한다.

분명 토지가 신속히 분배되었기 때문일 것이다. 손수 땀을 흘리며 조그마한 농지를 경작하는 농부는, 품꾼을 고용하여 대규모의 농지를 관리하려는 야심찬 자본가를 농지에서 몰아낼 능력이 있다. 영국에서는 농업 침체를 견뎌 낸 소농이 가장 중요했다. 그들은 대규모 농지를 경작했던 사람들보다 훨씬 더 잘 견뎌 냈다. 이렇게 미국과 영국에서는 평등법의 무제한적인 활동 아래에서 토지가 점차 다수의 국민에게 분배되고 있다는 증거가 있다. 사회 현안의 전 영역에 걸쳐 이보다 더 중차대하고, 뜻이 있는 대학생들에게 위안이 되는 사실은 없을 것이다. 소작농이 대형 지주를 상대로 승리했다는 점은 문명이 안전하게 기댈 수 있는 사회 구성 요소가 제대로 유지, 발전되고 있다는 방증이기도 하다. 국가에서 제 땅을 경작하는 사람만큼이나 공익을 엄격히 따지고, 공정하며, 도덕적인 원동력은 없기 때문이다. 전 인류를 감안해 볼 때 다행스런 사실은, 가족의 도움을 받으며 몸소 경작하는 사람보다 땅으로 더 많은 이익을 창출할 수는 없다는 것이다.

노동의 또 다른 분야인 산업으로 넘어가자면 농업과는 대립된 법칙이 이를 좌우하고 있다는 점을 시인할 수밖에 없다. 즉, 대개는 소수의 방대한 시설에 제조업과 사업이 집중되어 있다는 것이다. 업체의 제품 가격이 최근 놀라우리만치 하락하고 있다. 주요 물품의 소비가 요즘처럼 낮은 적은 없었을 것이다. 사실, 집중이라는 특성만으로도 가격은 하락할 수 있다. 예컨대, 한 회사가 제조하는 손목시계는 하루에 1,700개로, 고작해야 개당 2~3달러에 판매되고 있다. 국내 공장에서는 캘리코*를 매일 수천 야드씩 생산하고 있지만 야드 당 몇 푼에 거래되고 있으며, 철강업체는 매일 2,500톤을 제조하나 가공이 끝난 강철은 5센트에 팔리는 실정이다. 업계 전 영역을 통틀어 보자면 사례가 비일비재할 것이다. 그런데 거대한 공장을 작은 시설로 쪼개면 일부 제품은 제조 자체가 불가능해지기 때문에, 공정(工程)의 성공 여부는 대규모로 가동되느냐에 좌우되기도 한다. 반면, 제품이 소규모 시설에서 제작될 수 있다 하더라도 제조비는 현재 가격의 두세 배는 족히 뛸 것이다. 산업 영역에서 집중의 법칙에 정면으로 대항하는 힘은 아직 출현하지 않았다. 한편, 적극적인 기업은 비용을 최소한 낮출 수 있도록 각 시설로부터 생산량이나 매출액을 끌어올릴 것을 요구하는 듯하다. 따라서 제조와 상업에 필요한 자본은 급속도로

---

* 캘리코(calico): 날염을 한 거친 면직물 — 옮긴이

꾸준히 증가하여 500만, 1,000만, 1,500만 혹은 2,000만 달러까지 한 기업에 집중될 것이다.

청년에게 기회는 있는가?

종종 귀에 들리지만 사실무근이기를 바라는 불만이 더러 있다. "목돈이 없으니 만년 샐러리맨으로 남겠지. 독립적인 지위나 파트너십으로 이어질 길목에 웬 사자 한 마리가 떡하니 앉아있는 격이랄까. 녀석은 일찌감치 자리를 잡은 거대 조직인지라 우리가 통과할 리 만무한 장벽과도 같지." 실리에 밝은 젊은이가 혼잣말로 토로하는 이야기다. 나의 경험을 토대로 볼 때, 농업에 종사하는 사람은 자본 때문에 걱정할 일은 없다. 대출이나 저축으로 마련할 수 있는 소액으로도 농사를 시작할 수 있기 때문이다. 그저 동종업에 종사하는 사람과 경쟁하면 그만이다. 아울러, 기술자나 직장인이 창업하기란, 젊은 농사꾼이 농업을 시작하는 것보다 훨씬 더 어렵다. 물론 어렵다고는 했지만 그렇다고 불가능하다는 이야기는 아니다. 그리고 기존의 사례보다 더 심하지는 않을 것이다. 야심찬 인재의 의욕을 자극하는 사실이 이 밖에 또 있을까? 항상 염두에 두어야 할 점은 산업과 사업 세계의 경쟁이 치열하다면 승리의 결실은 그만큼 어마어마하리라는 것이다.

  산업 기술자를 비롯하여, 무역업과 상업, 금융업에 종사하는 직원의 전망을 따지기에 앞서, 국내에서 가장 명성이 자자한 공장과 기업, 금융 기관을 설립하는 데 이 두 부류보다 더 관계가 깊은 부류는 없다는 점을 분명히 밝혀야겠다. 그 첫 번째는 숙련된 기술자이다. 나는 각 분야에서 가장 유명한 산업체를 골랐고, 그중 다수는 국제적인 명성을 누리며 동종 업계에서 최대 규모로 사업을 활성화시켰다. 대표적으로 기관차는 볼드윈 웍스, 기계 공구는 셀러스 앤 코, 베먼트 앤 도어티, 절삭 공구는 디스톤스 웍스, 직물은 메서즈 돕슨, 필라델피아의 토머스 돌런, 볼티모어의 게리, 측량기는 페어뱅크스, 화물 열차는 화차를 에이커 단위로 세는 스투드베이커스, 자동차는 시카고의 풀먼, 필라델피아의 앨리슨, 강선 등은 워시번 앤 모엔, 클리블랜드 롤링 밀즈, 주철은 볼티모어의 발렛, 카펫은 슬론즈, 히긴스, 전기 장비는 웨스팅하우스, 종자는 피터 헨더슨 앤 코, 랜드레스 앤 코, 간행물은 하퍼 브라더스, 배빗표 금속은 배빗, 보일러용 강재는 클리블랜드의 오티스 웍스, 소형화기는 레밍턴 웍스, 하트포드의 콜트 웍스, 재봉틀은 싱어 컴퍼니, 하우,

그로버, 농기구는 시카고의 맥코믹 웍스, 캔턴의 볼즈, 월터 A. 우즈, 증기선 건조는 동부 연안의 로크, 크램프, 니피, 태평양 연안의 스콧, 오대호의 선두 조선업체로는 파크허스트, 윌러, 커비, 맥더걸, 크래그, 코핀베리, 윌레스가 있으며, 편자는 버든즈, 유리는 애터베리 웍스, 제혁은 그로엣진저스, 삽은 에임즈 웍스, 피아노는 스타인웨이, 치커링, 크나베를 꼽는다.

위와 같이 대성한 사업은 각각 기술자들, 즉 견습 기간을 거친 이들이 설립, 관리한 것이다. 물론 리스트가 여기서 끝은 아니다. 사동(使童)이나 점원으로 인생을 시작한 사람이 창업한 곳까지 추가한다면 국내 유수의 제조업체는 거의 다 포함시켜야 할 것이다. 예컨대, 전신 기사였던 에디슨을 비롯하여, 콜리스 엔진의 창업주 콜리, 체니 실크의 체니, 와이어프레임의 로블링, 설탕 정제업의 스프레켈즈 등, 이 같은 업계의 우두머리들은 모두 정규 견습 교육이 거의 필요치 않은 타고난 소질의 가난한 소년들이었다.

사업을 대형화해야 하는 법칙이 통하는 무역업과 상업, 금융업에서는 가난한 점원이 숙련된 기술자를 대신했다. 클래플린즈, 제프리즈 슬론즈, 로즈, 테일러즈, 펠프시즈, 닷지즈, 보스턴의 대형 업체인 조던 앤 마시, 시카고의 필드,

세인트루이스의 바, 필라델피아의 워너메이커, 버팔로의 멜드럼 앤 앤더슨, 디트로이트의 뉴콤, 엔디콧 앤 코, 클리블랜드의 테일러, 덴버의 대니얼즈 앤 피셔, 피츠버그의 혼, 캠벨 앤 딕과 전국의 유사 업체 역시 이력을 더듬어 보자면 모두가 그러했다. 워너메이커와 클래플린, 조던, 로드, 필드, 바 등은 모두 매장에서 일하던 가난한 소년이었고, 펠프스와 닷지는 가난한 점원이었다.

금융업에서는 스탠포드, 록펠러, 굴드, 세이지, 필드, 딜런, 셀리그맨, 윌슨, 헌팅턴이 밑바닥 인생에서 출세했다는 이야기가 자주 회자되고 있다. 현재 주도권을 잡게 된 백만장자들은 하나 같이 가난한 소년이었으나 가장 엄격하면서도 유익한 "가난"이라는 학교에서 교육을 받은 것이다.

대학이 창조한 사람은 어디에 있는가?

뉴욕에 있는 대형 금융업체의 은행장이나 부은행장 가운데 사동이나 점원에서 시작한 사람의 명단을 몇 명이라도 달라고 어느 은행업자에게 부탁한 적이 있다. 그는 서른여섯 명의 명단을 보내 주고는 이튿날 몇 명을 더 추가했다. 전 인원을 다 파악할 시간은 없었지만 인지도가 비교적 높은 사람을 공개하자면 다음과 같다. 케미컬 뱅크의 대표 윌리엄스, 몬트리올 뱅크의 왓슨 앤 랭, 갤러틴 내셔널의 대표 태픈, 부처즈 앤 드로버즈 뱅크의 대표 브링커호프, 아메리칸 익스체인지의 부대표 클라크, 어빙 내셔널의 대표 제윗, 나소 뱅크의 대표 해리스, 슈 앤 래더 뱅크의 대표 크레인, 콘 익스체인지 뱅크의 대표 내쉬, 체이스 내셔널의 대표 캐넌, 포스 내셔널의 부대표 캐넌, 세컨드 내셔널의 대표 몽테뉴, 퍼스트 내셔널의 대표 베이커, 바워리 뱅크의 부대표 해밀턴 등이다.

여기서 명단에 대학 졸업자가 없다는 점이 의미심장한 대목이다. 업계를 샅샅이 찾아다니며 물어 보았지만 실무의 리더 중에서는 명맥이 길지 않았다. 금융 기관에서 신임을 받는 직위에 적게나마 포진되어 있긴 했지만 말이다. 물론 그리 놀랄 만한 사실은 아니다. 성공한 위인은 대학 졸업자가 학업을 마치기까지의 수년을 활용하게 되니까. 거의 예외 없이 십대부터 취업 전선에 뛰어들어 학습을 위해 가장 중요한 시기인 14세에서 20세까지의 시간을 보내는 반면, 대학생은 머나먼 과거에 교양 없이 별것도 아닌 일로 티격태격했던 것을 조금 배우거나 지금은 쓰지 않는 언어를 숙달하느라 애를 쓴다. 적어도 사업 실무에 대해서는 다른 행성에서나 적용될 법한 지식을 습득한다는 이야기다. 장래의 산업 지도자는 "경험의 학교"에 매진하며 장차 거머쥐게 될 승리에 필요한 지식을 터득할 것이다.

나는 학문적 직업을 위해 훈련을 받는 젊은이에게 대학 교육의 효용을 말하는 것이 아니다. 우리 시대의 보통의 젊은이에게 대학 교육은 어느 점까지는 거의 필수이겠지만, 대학 졸업자가 사업 세계의 고위직에 거의 없다는 사실은 대학 교육이 그 영역에서는 거의 치명타로 기능하는 것 같다는 결론을 정당화하는 것 같다는 점이다. 아울러 샐러리맨 임원은 엄밀히 말해 사업에 발을 담그고 있는 것이 아니라는 점도 주목해야 한다. 산업의 지도자란 사업을 통해 모든 이익을 창출하며 성공해야 보상을 받는 사람을 일컫는다. 이 분야에서는 어린 나이에 사무실을 청소하는 사동이나 열네 살에 배송을 담당하는 직원에 비해 스무 살에 입사하는 대졸자에게는 기회가 거의 없다. 몇 가지 사실이 이를 입증한다. 사업가의 아들 중 대졸자들은 아버지가 일궈 놓은 사업을 경영하는 데 전념해 성공을 누리는 사례가 없는 것은 아니지만 물려받은 기업을 경영하는 데 실패한 사람들에 비하면 새 발의 피에 불과했다.

그러나 최근 몇 년에는 제조업 분야에서 과학·기술 전문학교(남학생만 입학)가 출현, 소중한 결실을 보이기 시작한 것은 사실이다. 우리가 보듯이, 산업 분야에서 명성을 누려온 숙련된 과거의 기술자가 과학 교육을 받은 젊은 라이벌(실무에도 정말 열심히 노력할 것이다)과 맞닥뜨리게 된 것이다. 전 세계에서 세 손가락 안에 드는 철강업체는 이미 교육을 받은 세 젊은이가 경영하고 있다. 그들은 십대일 때에 실무에 필요한 이론을 학교에서 습득한 사람들이다. 시카고 일리노이 스틸 컴퍼니의 워커, 에드거 톰슨 웍스의 슈왑, 피츠버그 홈스테드 스틸 웍스의 포터가 모두 서른이 채 되지 않은 새로운 유형의 인재다. 이들이 관리하는 부서의 대표는 거의 대학물을 먹은 사람들이다. 대학 교육을 받은 젊은 인력이 인턴 기간을 거친 기술자보다 나은 점이 있다면 마인드가 개방적이기 때문에 편견이 없다는 것이다. 즉, 진실을 찾는 연구자의 과학적인 태도는 참신한 아이디어를 흔쾌히 수용할 줄 안다. 과거에도 그랬고 지금과 나중에도 실무 기술자가 항상 훌륭하고 소중하겠지만, 대개는 고위직에 오르기 수년 전에 기술을 숙달하기 때문에 실무를 보는 눈이 편협해지기 십상이다. 반면, 과학을 배운 청년은 사뭇 다르다. 그에게는 선입견이 없고, 최신 발명이나 방법이라면 남이 발견했다 하더라도 이를 적용해 볼 것이다. 기록을 갱신할 만한 계획은 수용하되 쓸모없는 기기나 아이디어는 과감히 폐기할 줄도 안다. 사실, 실무에 밝은 감독은 그러기가 쉽지 않다. 따라서 교육의 장점마저 과소평가해서는 안 될 것이다. 교육은 기대하는 목적에 맞추어야 하고, 사업의 성공을 염두에 두고 있는 사람에게는 진로에 대한 지침을 제시할 수 있어야 한다.

그러므로 제조업의 경우와 마찬가지로, 금융과 상업, 무역업에서 고학력 기술자와 실무자가 어떤 자리를 차지하는지를 묻는 것이 아니라 이 두 부류의 사람들이 모든 사업 세계에서 남을 위해 무엇을 남겼는지를 물어야 한다. 그들이 남긴 것은 정말이지 거의 없다.

산업 부문에서는 숙련된 기술자가 유명 기업의 창업자 겸 경영자이다. 무역과 상업, 금융업에서는 정체를 숨긴 거상의 아들이라는 사실을 입증한 가난한 사동이 분명 유산을 물려받게 될 것이다. 최후의 승자는 그들을 두고 하는 말이다. 결국, 자본과 가족의 후광과 대학 졸업장 없이도 각 실무 분야를 좌지우지하는 사람은 가난한 점원과 현역 기술자일 것이다. 정상에 이르러 주도권을 잡게 된 그들은 샐러리맨 딱지를 떼고 창업에 관한 리스크를 과감히 감수해 낸 자들이기도 하다. 그러나 대학 졸업자는 대개가 샐러리맨인 데다 충직한 부하 직원에 만족할 공산이 크다. 자본이나 영향력, 대학 졸업장, 혹은 이를 모두 합한들 만사를 극복해 내는 가난에서 비롯된 열정과 불굴의 의지를 능히 당해낼 수 있으리라 입증된 조건은 없다. 나의 소견이 대학 교육을 매도하거나 폄하하는 것으로 오해하지 않도록 좀 더 추가하자면 앞서 언급한 대상은 가난하기 때문에 생계를 위해 부단히 뛰어다녀야 하는 운 좋은 청년을 가리킨다. 학위를 취득할 여유가 있고 경제적인 형편이 넉넉하다면(백만장자의 금전 소득에 비하면 조족지혈이다) 굳이 내가 왈가왈부할 대상은 아닐 것이다. 그러나 가난한 청년에게는 역량을 키우는 것이 의무이며, 이를 완수하는 것이야말로 대학 교육보다(대학 교육이 보잘것없다고 치부할 순 없다) 훨씬 더 값지다는 것이 나의 지론이다. 교양 교육은 그에 전념하는 사람에게 부를 누리는 것보다 더 고상한 취향과 목표의식뿐 아니라 백만장자는 들어갈 수 없는 세상을 선사한다. 즉, 사업에 걸맞지 않은 교육이란 품격이 높은 영역에 해당된다는 방증이다. 진정한 교육은 학교 바깥에서 이루어지므로 학술계라는 숲에서만 자생하는 꽃은 인재일 리가 없다(사회가 가꾸지 않아도 스스로 피어나는 야생화인 셈이다). 그러나 평범한 사람은 대학이 필요할 것이다.

기업이 역사의 뒤안길로?

오늘날 작업대나 카운터에서 일하는 젊은 실무자는 운명의 여신이 아직은 손짓하지 않은 터라 요즘은 창업이 불가능할 거라며 지레 포기할지 모르겠다. 일리가 아주 없는 생각은 아니다. 과거에 비해 지금처럼 새로운 사업을 시작하기가 어려운 때는 없었다. 그러나 모양새가 달라졌을 뿐 본질까지 달라진 것은 아니다. 역량 있는 청년 실무자라면 어느 때보다 기존 회사의 지분을 확보하기가 쉬울 것이다. 문은 실력으로 닫히는 것이 아니라 경첩을 달아야 쉽게 닫히는 법이다. 자본이 필요조건은 아니며, 전에도 그랬지만 가족의 후광으로 크게 달라지는 것도 전혀 없다. 지금처럼 진정한 실력과 뭔가를 이루어 내는 역량이 애타게 필요한 적이나, 커다란 보상을 누리던 적은 없었다.

주요 산업과 상업, 무역 및 금융업을 소수의 대형 공장이나 기업에 집중시킨 법칙에는 적잖이 거만하게 들릴 법한 또 다른 법칙이 담겨 있다. 즉, 이들 거대 기업들은 샐러리맨에 의해 성공적으로 운영되지 못하며, 업종을 막론하고 대형 사업의 이례적이고 지속적인 성공은 금전적인 결과에 이해관계가 달려 있는 실무자의 손에 좌우된다는 것이다.

산업 분야에서는 기업의 명맥이 끊어질 것 같기도 하다. 나는 수백 명의 부재 자본가(absent capitalists)가 소유하고 샐러리맨 고위인사가 경영하는 대기업의 현황을 면밀히 주시하며 살아왔다. 이와는 달리 공장을 소유하고, 기업의 지분을 가진 사람이 이끄는 파트너십은 회사가 어려워 연말에 수지의 균형추가 어느 쪽으로 기울지 잘 알지 못하는 형편에서도 만족스런 배당금을 챙길 것이다. 각 부서의 영업이익에 탁월한 인재의 관심을 쏟도록 유도하는 의류기업은 성공하나, 샐러리맨과 손을 잡으려 하는 기업은 실패하게 되어 있다. 하다못해 고급호텔을 관리할 때도 경영진을 파트너로 삼는 편이 낫다. 이 법칙은 사업의 분야를 막론하고 모두에 적용되며, 기업은 일반적으로 베테랑 직원의 비중이 클수록, 관심이 클수록 번창할 것이다. 이 같은 형태의 협력관계는 모든 대기업에 급속도로 확산되고 있다. 출중한 파트너가 없는 제조업체라면 지체 없이 공석을 채워야 할 터인데, 이때 적격인 사람은 일당 몇 달러를 받으면서도 두각을 나타낸 젊고 유능한 기술자나 과학·기술 전문학교 출신인 청년 중에서 기용해야 할 것이다. 이와 관련된 사례는 유망한 실무자의 관심을 끌 생각이 없어 인재를 잃고, "능력"이라는 아이템을 꾸준히 찾고 있던 각 제조업체나 상업회사가 그에 눈독을 들이고 있다는 사실에서 연신 나오고 있다. 기업이 신출내기 관리자를 적절히 보상하는 관행은 아직 정착되진 않았으나, 지분을 가진 경영자가 운영하는 회사와 경쟁하려면 조만간 그래야 할 것이다. 젊은 실무자에게는 기업이 가진 장점 하나를 이야기해 주고 싶다. 지분이 자유롭게 팔린다는 점 말이다. 오늘날 국내 제조업 분야의 지분을 얻고 싶다면 경로는 어렵지 않게 찾을 수 있다. 50이나 100달러만 있어도 주주가 될 수 있다. 노동자가 목돈을 투자하는 것은 점차 보편화되고 있는 추세다. 자산과 명성 덕분에 넉넉한 이익을 안겨 주는 기업이 많은데, 대기업의 주주 명부에 성명이 등재되는 것이 노동자가 고용주에게 제공할 수 있는 가장 탁월한 역량과 판단력의 증거가 된다.

노동자는 임금만으로도 저축할 자금이 충분하다는 점을 고용주에게 내비쳐서는 안 된다는 선입견을 갖고 있는데, 그건 오산이다. 저축하는 직원이야말로 귀중한 인적 자원이기 때문이다. 지혜로운 고용주는 직원이 저축한다는 사실을 "그에게는 뭔가 특별한 저력이 있다"는 정당한 증거로 볼 것이다. 따라서 기업은 주요 노동자가 지분에 목돈을 투자할 수 있도록 장려해야 한다. 그래야만 회사는 성공을 이루는 소중한 비결 중 하나(즉, 이익을 창출하는 데 이바지한 사람들과 이익을 나눈다는 것)를 이미 발견한 개인 제조업자들을 원만히 상대할 수 있을 것이다. 배당금만 챙기면 그만일 뿐 회사 운영에는 무관심한 부재 자본가 주주의 시대는 가고, 능동적인 직원이 산업이라는 무대에 데뷔하는 시대가 오고 있다. 그러니 젊은 실무자를 낙심케 하지 말고 그를 격려하라. 실력 있는 기술자나 실무자라면 고용주에게 계약조건을 제시하기가 점차 쉬워지고 있으니 말이다. 승진에 이를 수 있는 진입로가 과거에는 하나뿐이었다면 지금은 열둘 정도로 많아졌다는 점도 그들에게 힘을 실어 주는 대목이다. 장래의 대기업이 분배하는 이익은 성공에 기여한 실적이 전무한 수백 명의 한가한 자본가가 아니라, 실력과 노고로 성공을 좌우하는 유능한 직원 수백 명에게 돌아갈 것이다. 즉, 부재 자본가 주주는 제자리를 지키는 유능한 직원으로 교체될 거라는 이야기다.

젊은 실무자가 진급하는 데 필요한 자질을 두고는 조지 엘리엇의 지론만으로도 충분할 것이다. 이 문제를 간단명료하게 밝힌 그의 소견을 들어 보자. "성공하는 비결을 묻는다면 나는 귀와 눈을 열어 두었고, 고용주의 관심사를 내 것으로 만들었다고 말할 것이다."

승진의 전제 조건은 일단 주목을 끌어야 한다는 것이다.

범상치 않은 공적을 세우거나, 특별히 담당 업무라는 엄격한 경계를 넘을 줄 알아야 한다. 고용주에게 도움이 되는 일을 제안하거나 나중을 위해 아껴 두거나 혹은 이를 위해 부지런히 뛰어야 할 것이다. 물론 하지 않았다고 해서 욕을 먹지는 않는 일을 두고 하는 말이다. 직속상관의 눈에 띄었다면(하다못해 공사현장의 감독이든 다른 누구든 그건 중요하지 않다) 이미 장족의 발전을 이룬 셈이다. 승진은 직속상관이 좌우하니까. 어디까지 승진하느냐도 업무의 연장선으로 봐야 할 것이다.

한편, 자신의 저력을 과시할 기회가 없었다는 둥, 역량을 보였지만 아무도 이를 알아주지 않았다는 둥, 종종 볼멘소리가 들리기도 하지만 근거는 거의 없었다. 직속상관은 자기 밑에 있는 가장 높은 자리를 가장 적합한 사람으로 채우는 것이 자신에게 이익이 되기 때문에 어쩔 수 없이 그러려고 한다. 부서 업무에 대해 전체적으로 책임을 지기 때문이다. 따지고 보면, 직원의 승진을 방해하는 사람은 없다. 눈치를 채겠지만, 부와 명예를 거머쥔 실무자 중 다수는 그동안 끊임없는 발전을 지속해 왔기 때문에 성공할 수 있었다. 실무자는 자신이 속한 부서에서 얼마든지 발전을 이룰 수 있다. 해결이 가능한 문제에 대해 그보다 더 잘 알고 있는 사람은 없다. 귀중한 발전은 늘 그런 식으로 이루어진다. 끊임없이 발전하는 직원은 항상 사업에 관심을 기울이는 데 전념해야 할 것이다. 오늘날까지 사업이 호황을 누리지 못했다 하더라도 수완이 좋다면 성공을 이룰 수 있다는 믿음이 생기게 마련이고, 성공은 이때 찾아오는 법이다. 사업은 업종을 막론하고 기복이 있다. 침체와 호황이 반복되고 한 해 막대한 이익을 건졌다면 몇 해는 이익이 거의 없거나 전무하기 일쑤다. 사업 세계의 법칙이란 이를 두고 하는 말인데, 그 이유는 굳이 밝힐 필요가 없을 것 같다. 따라서 유능한 실무자는 사업의 분야를 선택하는 데 너무 따지고 들면 곤란하다. 어떤 사업이든 이익이 괜찮은 시기에는 적당히만 해도 손해를 보진 않을 테니까.

청년을 도탄에 빠뜨리는 함정

 승진가도에 발을 올리고 고공을 향해 출발한 젊은 직원 앞에 커다란 함정이 있다. 첫째는 음주인데 자칫 잘못하면 목숨도 빼앗길 수 있다. 술을 즐기는 청년과 시간을 보내봐야, 그의 역량이 탁월하다 하더라도 헛일일 뿐이다. 사실, 재능이 크면 실망도 클 것이다. 둘째, 투기도 함정이다. 투기꾼의 사업과, 제조업자 혹은 실무자의 사업은 뚜렷이 구별되며 서로 공존할 수 없다. 사업 세계에서 성공하기 위해 제조업자와 무역상은 이익을 추구해야 한다. 제조업자는 시장 가격을 맞추며 꾸준히 전진해야 한다. 팔아야 할 상품이 있다면 팔아야 하고, 구매해야 할 필요가 있다면 시장 가격에 연연하지 말고 구매해야 한다. 그러나 투기를 일삼는 제조업자나 사업가가 지속적인 성공을 누리는 사례는 여태 본 적이 없다. 하루는 떼돈을 벌지는 모르지만 파산이 기다리고 있을 테니 말이다. 제조업자는 제품을 생산하면서 고용을 늘리기 위해 애쓴다. 때문에 그의 이력을 보면 찬사가 절로 나오는 것이다. 제조업을 선택한 사람은 유사 업종에도 보탬이 된다. 상인은 제품을 유통시키고, 금융업자는 자본을 제공하는 데 집중한다. 세 번째 함정은 투기와 유사한 보증이다. 사업가는 어느 날은 소액이지만 막대한 자금이 조달되는 때도 더러 있으니 자금의 공급량에 규칙성이란 찾을 수가 없다. 형편이 이러니 명의를 서로 빌려주고픈 유혹이 이만저만이 아닐 것이다. 하지만 그런 함정도 피해야 한다. 분명 지인을 도울 수밖에 없는 다급한 경우가 있긴 하나 여기에도 안전을 유지해야 한다는 원칙은 지켜야 한다는 이야기다. 사업에 타격을 입지 않을 만큼 자금이 충분하지 않다면 타인의 의무에 자신의 이름을 걸어서는 안 된다. 그건 양심을 저버린 행위다. 사업가는 그에게 신탁했던 사람들을 위한 신탁관리자이고, 채권자는 자신의 자본과 신용에 대한 권리가 있다. 스스로의 회사에 대해 "여러분의 이름과 재산, 그리고 신성한 명예"를 걸었기 때문에, 타인에게는 어떤 상황에서든 여러분의 신뢰에 위험이 가지 않는 수준의 도움만 줄 수 있다. 따라서 별도의 여윳돈으로 직접 도와주는 것이 안전한 방법이다. 절대로 명의를 빌려주거나 보증을 서지는 말아야 한다.

젊은 사업가가 실패하는 큰 요인 중 하나는 집중력의 저하를 꼽는다. 외부에서 투자금을 유치하려는 경우가 비일비재한데, 다수의 실패 사례의 원인이 그 때문인 것으로 나타났다. 모든 기업이 생각하듯, 자본과 대출금은 한 푼이라도 발을 들인 사업에 집중되어야 한다. 사격을 하려면 과녁 중앙을 쏘아야 하는 것과 같은 이치다. 투입된 자금이 늘 경우, 외부 투자를 유치했을 때보다 더 높은 이익을 창출하지 못한다면 사업에 서툰 것이다. 사업가의 자본은 타인이나 어떤 그룹이나 혹은 기업도 그보다 더 잘 관리할 수는 없다. "달걀을 모두 한 바구니에 넣어서는 안 된다"라는 속담은 생업에 적용되지 않는다. 달걀을 모두 한 바구니에 넣고 바구니를 유심히 지켜보라는 것이 현실적인 원칙이며 가장 가치 있는 규칙일 것이다. 업종을 막론하고 사업이 소수의 거대 관심사들로 바뀌었거나 급속히 바뀌고 있는 요즘, 이익에 관심을 두는 것이야말로 사업 성공의 필수이자 소중한 가치다. 건전한 정신에 검소하고 열정적이며 유능한 기술자, 학문적 소양을 갖춘 청년, 사동, 사무직원, 점원에게 주식이 매일 시장에서 거래되는 대기업, 유능한 직원의 관심을 끌 필요가 있는 파트너십, 탁월한 인재를 유치해야만 거대한 사업을 성공적으로 경영할 수 있는 무역상은 수와 폭과 접근성에서 이전보다 더 많고 더 넓고 더 활짝 열린 성공 진입로이다. 이 진입로를 지나고 나면 위대한 성공을 누릴 수 있으리라 장담한다. 세계사에서 이 계층에 이렇게 기회가 있었던 적은 없었다.

그러므로 청년이, 직위와 업종에 관계없이, 자신의 역량을 입증하여 기업의 파트너가 될 기회를 여태 만나지 못했다고 하소연한다면 고전이 명쾌한 답을 제시할 것이다.

"친애하는 브루투스여, 잘못은 별에 있는 것이 아닐세. 우리가 아직 부하인 이유는 우리 탓이니까."

* 1890년 4월 13일자 〈뉴욕 트리뷴〉에서 발췌.

4장
사업

사업은 광의의 어구로 주된 의미만 해도 인간의 수고에 대한 전 영역을 아우른다. 설교는 목회자의 사업이고, 개업해서 진료하는 것은 의사의 사업일 것이다. 시인은 쓰고, 대학 교수는 가르치고, 대학생의 사업은(혹자는 이따금씩 이렇게 생각할지도 모르겠다) 그들의 관심 정도로 보자면 풋볼을 즐기는 것이 아닐까 싶다. 넓은 의미에서 "사업(business)"을 운운하지 않고 《센트리 사전》에 등재된 구체적인 정의를 이야기하자면 다음과 같다.

"상업과 제조업 활동을 모두 포함하거나, 회계와 재무

방법에 대한 지식을 요구하는 업무나 무역을 담당하는 직종이나 혹은 자금이 오가는 모든 업종을 뜻한다."

아래 글은 사업의 이 같은 견해에 대해 기술한 대목으로 눈여겨볼 만하다.

"학구적인 성향의 사람이 사업을 안다고 해서 명성을 얻는 경우는 거의 없다."

사업을 좀 더 엄밀히 정의하려면 여기서 한걸음 더 나가야 한다고 본다. 월급을 받는 철도회사 사장이나 은행장 혹은 샐러리맨 관리자는 진정한 사업가인가? 따지고 보면 그렇진 않다. 명실상부한 "사업가"는 적어도 본인이 애착을 갖고 경영할 기업의 공동 오너 정도는 되어야 하고 수입은 연봉이 아니라 기업의 이익에 좌우되는 사람을 일컫는다. 그렇게 보자면 샐러리맨은 모두 제외될 것이다. 물론 사업을 하는 사람은 아니지만 성공한 사례도 많다. 사업가는 순수하면서도 단순하게 "연봉"이라는 구명조끼를 입지 않고 사업이라는 파도에 몸소 뛰어든다. 어떤 위험도 감수하겠다는 각오로 말이다.

진로 선택

아무리 높더라도 월급으로는 막대한 부를 누릴 수 없다. 부를 추구하는 사람이 바로 사업가다. 그에게 지혜가 있다면 모든 달걀을 한 바구니에 넣고 이를 예의주시할 것이다. 예컨대, 그가 커피를 팔고 있다면 커피에 주의를 기울일 테고, 설탕이면 커피는 제쳐두고 설탕에 관심을 고정시키다가 설탕커피를 마실 때만 이 둘을 섞을 것이다. 석탄을 채굴해서 판다면 "검은 다이아몬드"에 주의를 집중할 것이며, 선박을 매입해서 이를 바다에 띄운다면 그에 관심을 기울이다가 잉여자본이 생겨 하나를 잃더라도 지급 능력이 위태롭지 않다면 선박에 대한 보험은 해지할 것이다. 철강을 제조한다면 철강에 시선을 고정시키고 구리는 차치할 것이며, 철광석을 생산한다면 철광석에만 신경을 쓰고 금은을 비롯한 다른 자원은 관심을 끌 것이다. 누구든 오직 한 가지 사업만 철저히 숙달할 수 있기 때문인데 실은 유능한 사람만이 그럴 수 있다. 두 가지 사업을 완벽히 이해한 사람은 여태 만난 적이 없다. 두 개의 언어를 동등하게 생각해 한 개의 언어만 계속 생각하려고 하지 않는 사람보다 한 개의 언어만 완벽하게 하려는 사람을 더 빨리 찾을 수 있다.

요즘은 세분화와 전문화가 대세다.

업종도 전문 분야도 제각각

각계각층의 학생 대표를 숱하게 만나 봤다. 내가 여러분의 속내를 볼 수 있다면 발견할 수 있는 야망도 아주 다양할 것이다. 각 전문직에서 두각을 나타내는 것이 목표인 학생이 더러 있다. 예컨대, 변호사를 희망하는 학생이 있는가 하면, 성직자나 의사, 건축가, 전기기사, 엔지니어, 교사 등, 각 분야에서 최고의 경지에 이른 명예로운 이름을 마치 인생의 모델처럼 목표로 삼기도 한다. 내가 만난 신출내기 변호사는 과거의 마셜과 스토리, 지금으로 따지면 카터와 초트에게 도전장을 내밀고, 목회자라면 브룩스나 밴 다이크처럼 저명한 설교자가 되고플 것이며, 의사는 제인웨이나 가머니, 편집자는 다나, 건축가는 리처드슨이 되고 싶을 것이다. 이들은 애착을 느끼는 직업에서 정상에 올라야 야망에 대한 성취감을 느낄 것이다. 적어도 지금은 그렇게 생각할 것이다. 이들에게 오늘 직접 해줄 수 있는 것은 없다. 모두가 직업적 열정에 불타는 사람들이기 때문이다. 그럼에도 전문직에서 성공하는 데 반드시 필요한 자질은 사업 성공을 보장하는 데 필요한 자질과 대체로 동일하며, 내가 여러분 모두에게 똑같이 적용해 말하려고 하는 내용의 대부분이기도 하다.

여러분 중에는 사업이라는 미지의 바다를 항해하며, 백만장자들과 어깨를 나란히 하기 위해 이익을 창출함으로써 막대한 이윤을 남기는 데 전념하려는 사람이 있을 줄 안다. 하지만 머릿속에 이런 야심만 있는 사람이라면 사업을 통해 찾아야 할 것이 더 있으리라 믿는다. 이를테면, 사업에는 출중한 역량과 모험심, 체력, 판단력, 인간 내면의 우수한 자질을 발휘할 기회가 있다는 것과 명색이 사업가라면 사회에 유익한 서비스를 제공할 줄도 알아야 한다는 점도 고려해야 한다는 이야기다.

지금부터 성공에 이르는 진로에 대해 유익한 정보를 제공할까 한다. 표리부동한 바다의 암초와 여울을 가려내고, 항해나 노를 젓는 모드(빠르거나 천천히)에 대해 조언을 몇 가지 귀띔해 준다면 장기적인 경주에서 승리할 가능성은 더 높아질 것이다.

인생의 출발

그럼 출발 단계부터 따져 보자. 장래의 사업가가 자신의 미래를 내다볼 때 고정된 임금을 받기 위해 평생토록 고생하는 데 만족해할까? 단언컨대, 그럴 사람은 없을 것이다. 사람에게는 사업과 비(非)사업을 나눌 수 있는 잣대가 있다. 사업은 주인답게 이익에 의존하는 반면 비사업은 종이요, 월급에 전전한다. 물론 처음에는 샐러리맨으로 시작해야겠지만 끝도 그래야 한다는 법은 없다.

어떤 이는 출발을 차지하는 게 어려울 것이고, 대체로 매우 어렵지만, 군계일학인 학생이 눈에 띌 것이다. 즉, 특별히 어려워하지 않는 데다, 현장 실무자를 많이 아는 교사의 주목을 끌기도 하고, 수상 경력이 출중하며, 남다른 실력을 보여 주며, 학생회장으로 활약하며, 경쟁에서 두각을 나타낼 만한 개성에 근간을 두며, 자아존중을 실천하며, 흠잡을 데 없는 습관과 분별력, 노하우, 지칠 줄 모르는 근면성을 발휘하는 동시에 지식을 탐구하는 데 숱한 시간을 보내지만 그것이 마냥 즐거운 노동이라는 것이다.

요점을 하나 더 추가하자면, 그는 재정이 항상 건실하고 분수에 넘치는 삶은 철저히 지양하며, 끝으로 본업에는 남다른 애착을 보여 주기도 한다. 직업에 대한 포부와 산업의 장래도 굳게 확신하고, 부의 부담도 지지 않는 그라면, 이생에서 꼭 성공해야 하지 않을까 싶다. 아직은 백만장자가 아니지만 언젠가는 그렇게 될 것이다. 후광을 누릴 부자 아빠도, 훨씬 더 위험한 거부 엄마도 없다. 그런 어머니가 있다면 할 일이 없더라도 넉넉히 보살펴 줄 테니 그가 실패자로 전락할 것이 자명할 것이다. 구명조끼가 없으니 익사하지 않으려면 헤엄이라도 쳐야 한다. 젊은 그는 대학을 졸업하기 전부터 눈에 띄는 학생이었고, 그에게 열린 기회도 한둘이 아니었다. 또한 문은 노크하기 전부터 열려 있었으며 현명한 고용주는 일찌감치 그를 기다리고 있었다. 교수가 써 준 수료증은 필요하지 않다. 수료증이라면 아무나 읽을 뿐 아니라 행간을 벗어날 수 없다. 출중한 졸업생을 물색해 온 사업가에게 던진 한두 마디라면 청년이 절실하게 필요한 모든 것, 즉 인생의 출발을 얻을 것이다. 유능한 젊은이야말로 고용주가 확보할 수 있는 가장 가치 있는 인수 계약이다. 그에게 이보다 더 풍성한 거래는 없을 것이다.

물론 평범한 학생은 사회에 첫발을 내딛기가 훨씬 더 어려울 터, 대개는 직장을 찾아다녀야겠지만 그러다 보면 그 또한 마침내 출발을 얻게 될 것이다.

성공으로 통하는 입구

성공에 이르는 경로는 유능한 학생의 진로가 되기도 한다. 그를 걱정할 필요는 없다. 아무 탈 없이 잘 지내고 있으니까. 바다에 빠졌지만 구명조끼가 없어도 사는 데는 지장이 없다. 조만간 헤엄을 칠 테니 물에 빠졌다는 엄살은 받아주지 않아도 될 것이다. 수장되려고 태어난 것은 아니니, 정상에 이르기까지 해를 거듭하며 파도를 타는 그를 볼 것이라 확신한다. 초년 시절에는 정상은커녕 말단에서 시작했지만 되레 그래서 다행이었다. 앞으로 올라갈 일만 남았으니 말이다. 애당초 높은 데서 출발했더라면 지속적인 승진에 대한 기회는 없었을 것이다. 어떻게 출발하느냐는 그리 중요한 문제가 아니다. 어느 분야에 입성하든 본인의 자질이 결과를 낳기 때문이다. 쥐꼬리 만한 월급으로 대수롭지 않은 업무를 처리해 왔더라도, 그것이 자신의 저력에 비해 터무니없이 작더라도, 완수해 냈다는 사실이 중요하다.

경위는 알 수 없지만 언젠가는 직속상관의 눈에 띌 수 있는 사건이 벌어질 것이다. 이를테면, 제안된 계획에 반대하며 더 나은 방법을 모색해 본다거나, 타부서의 업무를 자진해서 지원한다거나, 전날 밤에 일부 업무가 아직 처리되지 않았거나, 이튿날 아침에 처리해야 할 업무가 혹시 준비되지 않았거나 제대로 처리하기를 걱정하는 마음에 평소보다 늦게 퇴근하거나 일찍 출근할 것이다. 그는 "그저 확실히 하기 위해 이른 시간에 도착한다." 고용주도 그런 점을 감안해 왔다면 역시 이른 아침에 출근해 샐러리맨 청년을 보게 될 터, 이때 그는 연봉만을 위해 일하는 것이 아니라는 점을 내보일 것이다. 즉, 업무는 "일자리와 월급"만의 문제가 아니므로 본인이 그에 목숨을 거는 청년은 아니라는 것이다. 사업의 성공을 위해 일하기 때문이다. 언젠가는 고용주가 한 고객에 대해 모종의 조취를 취할 것을 맡길지도 모른다. 사무실에서 일을 시작한 젊은 청년에게 아주 중요한 외상 거래를 관리해 달라는 부탁 말이다. 고용주는 외상 거래를 끊고 싶은데, 고객에게 이는 당혹스럽기 짝이 없는 일이다. 고객도 안면이 있는 이 젊은이는 업무의 일환으로 수금을 위해 가끔씩 그를 방문해야 한다. 수금이 안 되면 그러려는 노력도 해야 한다. 그리고 고용주에게는 그 고객이 훌륭한 사람이고, 반드시 성공할 것이며, 사업을 공정하고 현명하게 처리하고 있어 조금만 참고 기다려 주면 잘 될 것이라고 겸손하게 말한다.

고용주는 그 젊은이의 판단과 역량을 믿고 있으나 그래

도 일개 점원이 하기에는 큰 제안이기에 그에게 말한다. "이 문제는 손해 보는 일이 없도록 신중하게 처리해야 하네. 물론 고객에게 언짢은 일이 벌어지는 건 원치 않으니, 위험이 없는 한도에서 그를 도울 수 있다면 그러고 싶네." 그 젊은이가 본격적으로 일을 착수하면 결국에는 그의 견해가 옳았다는 점이 증명될 것이다. 즉, 그 고객은 최고의 고객이 되어 회사에서 그를 내친다면 득보다는 실이 훨씬 클 거라는 이야기다.

현명한 젊은이라면 공장에 적용되는 보험증서와 만기에 주목할지도 모른다. 이를테면, 회사가 가입한 보험 중 일부가 만료되어 효력이 상실되었음에도 담당자가 이를 간과해온 사실을 눈치 챘다고 치자. 그의 업무와는 거리가 먼 데다 회사 보험을 두고 왈가왈부한다고 임금이 더 오르는 것도 아니다. 좁은 의미에서는 담당자가 따로 있지만, 그는 사실을 과감히 통보하여 보험 갱신을 독촉할 것이다. 아울러 일반인을 위한 읽기자료와 학습도 가볍게 넘길 수 없다. 이 젊은이는 신문과 논평을 읽으며 보험업체가 보험을 매개로 부당 이익을 취하는 "보험업계의 약삭빠른 관행"뿐 아니라, 신종 술수와 속빈 강정 같은 보험 설계에 대해서도 접하게 마련이다. 따라서 이런저런 보험사를 건실한 중견 보험사로 바꿔야 한다는 제안도 서슴지 않을 것이다. 여러분도 알다시피, 요즘 사업가는 읽을 것도 공부해야 할 것도 많고, 기본기를 닦아야 할 것도 한두 가지가 아니다. 그래야 사업 곳곳에 숨어있는 함정을 피할 수가 있다. 지금 현재 점원으로 겸손하게 위장하고 있는 그는, 피고용인이 어떤 부류의 젊은이인지에 전혀 관심이 없는 그런 고용주는 되지 않을 것이다.

상승을 위한 둘째 단계

그가 시블리 기술학교를 나온 전기기사나 엔지니어라고 치자. 시블리 출신이라면 다들 엄지손가락을 치켜든다. 대형 제조업체에 채용되어(업체 입장에서는 행운이다!) 그다지 눈에 띄지 않는 부서에서 업무를 처리해 오던 그는, 일부 보일러에서 사고가 벌어질 징후를 비롯하여, 모터나 엔진의 설계가 잘못되었다는 사실에다, 연료의 효율이 크게 떨어지는가 하면 엔진 중 하나가 조만간 이상을 일으킬 가능성이 크다는 점을 발견했다고 가정해 보자. 이를 토대로 위탁업체가 일을 정직하게 처리하지 못했다거나, 모터나 엔진이 제대로 가동되는지 확인하기 위해 단 하루만 현장에 들렀다는 사실이 드러났다. 위탁업체 담당자가 나쁜 습관에 빠져 해당 작업에 적합하지 않다거나, 혹은 일이 서툴러 사고가 벌어질 수도 있다는 점을 눈치 챘다면 어떨까. 뭐라도 조치를 취하여 사고의 위험에서 회사를 건지는 것이 그에게는 당연한 도리다. 때문에 그는 즉각 설비의 결함을 보여주는 도면을 그려, 고용주 앞에 이를 펼치고는 시블리에서 배운 과학 원리를 바탕으로 해결책을 제시할 것이다. 물론 고용주는 고치는 데 돈을 쓰기를 달가워할 리 없고, 설비가 제대로 가동되지 않았다는 사실에 분통을 터뜨릴 테지만 말이다. 분노가 폭발하면 직원도 당분간은 싫은 소리를 들어야겠지만 그렇다고 총까지 쏘진 않을 것이다. '쓰레기'를 치우고 나서야 고용주는 자리에 앉아 직원에게 이제 수천달러를 절약할 수 있다는 사실을 전해 듣는데, 이때 그는 시블리 출신 직원에게 뒷일을 부탁하며 수습에 집중해 마무리를 확실히 해줄 것을 주문할 것이다.

이쯤 되면 그 젊은이의 성공은 다 이룬 것이나 다름없다. 아무리 안간힘을 써도 그는 등불을 말 아래 감출 수 없다. 이 미래의 사업가는 그 '죄'에 대한 책임이 없으며 그걸 원치도 않는다.* 뼛속까지 사업가인 그에게서 가식이나 허울뿐인 겸손은 찾아볼 수 없다. 그는 자신의 본분을 잘 알고 있다는 점과, 그것이 바로 시블리가 그에게 준 많은 장점 중 하나라는 것을 의식하여 자긍심을 느끼게 마련이다. 그래서 고용주가 그보다는 더 많이 알아야 한다는 점을 염두에 둘 것이다. 여러분은 고용주의 계몽을 도모해야 하며, 그런 젊은이와는 거리를 가급적 좁혀야 한다. 단언컨대, 진정한 고용주라면 거리를 두려 하지 않을 것이다. 청년이 자아를 발견했을 때와 같이, 인재를 만나게 된 점을 두고 기뻐해야 할 쪽은 바로 고용주이기 때문이다. 그런 직원의 몸값은 백만 달러 정도는 된다고 본다. 물론 너무 이른 나이에 천금을 누리는 것이 바람직하다는 이야기는 아니다.

이제 두 걸음을 올랐다. 출발을 얻었다는 것이 첫 번째이고, 결정적인 둘째 단계는 탁월한 서비스로 고용주의 환심을 샀다는 것이다. 프랑스 속담에 "사람은 발길이 닿는 곳에" 정주하게 되어 있다고 한다. 일단 발을 사다리에 걸쳐 놓았으니 얼마나 오를지는 자신이 감당해야 할 몫이다. 그

---

* 마태복음 5장 15절("사람이 등불을 켜서 말[bushel] 아래에 두지 아니하고 등경 위에 두나니 이러므로 집 안 모든 사람에게 비치느니라.")을 인용한 표현 — 옮긴이

는 사업의 문턱에 들어선 얼마 안 되는 인재 중 하나가 된 것이다.

  그러나 이후에도 할 일이 쌓여 있다. 이 젊은이는 열정도 있고 유능한 데다 필히 갖추어야 할 자질도 보여 준 바 있다. 업무에 몰입하는 마음과 판단력을 두고 하는 말인데, 웬만해서는 사업에서 그의 마음을 떼어낼 순 없을 것이다. 아울러 그는 젊은이를 호시탐탐 노리는 유혹을 뿌리치고, 관심과 시간과 땀을 고용주에 대한 의무에 집중시킬 줄도 안다. 공부와 취미와 오락은 이를 지배하는 사업에 종속되는 것이다. 그러면 연봉도 오르게 마련이다. 이미 제공했거나 앞으로 그럴 계획인 서비스에 대해 범상치 않은 인재를 알아볼 줄 아는 고용주와는 달리, 이를 간파하지 못하는 고용주가 있다면 갈아치우는 편이 나을 수도 있다. 그럴 일이 자주 있진 않지만, 그렇다고 아주 없는 것도 아니다. 대체로 고용주라면 제 발로 찾아온 젊은 인재에게 감사하며 그가 회사에 남아 있기를 바랄 것이다. 본디 자신감이란 천천히 상승하는 자질로서, 돈만 주면 뭐든 하는 품꾼이 받는 높은 연봉과는 거리가 먼 반면, 파트너라는 대등한 관계와는 매우 가깝다.

결정적인 물음

그의 뒤를 좀 더 따라가 보자. 회사를 위한 진심어린 서비스로 모두를 감동시킨 덕분에 언젠가는 고용주의 자택을 찾아가야 하는 일이 생기게 된다. 머지않아 직원을 집에 초대하는 경우가 빈번해지면 가족은 그의 실력과 자질에 호감을 느끼고 성품도 잘 알게 될 것이다. 이때 고용주는 그를 파트너로 삼아야 할지 묻기에 앞서 '그가 정직하고 진실한 사람인지' 자문해 볼 것이다. 이를 잠깐 주목해 주기 바란다. 홍예문의 이맛돌과도 같은 중차대한 문제이기도 한데, 아무리 유능해도 믿음이 가지 않는다면 소용이 없기 때문이다. 번즈는 〈더 비전〉에서 "스코틀랜드의 천재"를 묘사할 때 아래와 같이 누구라도 감탄할 만한 멋진 글이 떠올랐다고 한다.

그녀의 눈은 공허한 우주에 두며
믿음직한 눈짓으로 시선을 보낸다.

사실을 은폐하거나 핑계를 대거나 투기를 일삼는 등, 노력을 하지 않고 뭔가를 얻으려고 하는 심보는 금물이다. 일반에 공개되었을 때 수치를 당할 일이라면 안 하는 편이 낫다. 사업가는 파트너 중에서 "인격자"를 찾는다. 서비스 정신을 발휘하기 위해 편협한 생각에서 과감히 벗어나려는 사람은 파트너의 자신감을 취할 수 있을 것이다. 파트너는 지적인가? 지식에 근거하고, 폭넓은 이슈를 바탕으로 판단력을 정확히 발휘할 수 있는가? 그렇다, 청년뿐 아니라 노인들도 파트너 관계를 서두를 때가 더러 있는데, 이는 노소를 막론하고 어리석기 짝이 없는 행태다. 파트너십을 경솔하게 맺어서는 안 되는 데에는 충분한 이유가 있다. 파트너십은 흠잡을 데 없는 성격과 다방면에서 바람직하고 누구에게도 무례하지 않은 성품, 그리고 한두 분야의 특별한 능력이 있어야 가능하지, 한두 가지 자질로 보장될 수는 없는 것이다.

요즘 젊은 사람은 오너가 될 수 없다는 말이 종종 들린다. 사업이 대규모로 운영되다 보니 필요한 자본이 수백만 달러에 육박하기 때문에 청년은 샐러리맨으로 살 수밖에 없다는 것이다. 대기업의 경우라면 아주 틀린 말은 아니다. 기업의 지분을 보유하려면 자본이 있어야 가능하기 때문이다. 자금이 많아야 주식을 다수 확보할 수 있지 않겠는가? 내가 이야기하려는 젊은이는 샐러리맨으로 영원히 남지 않고, 대가답게, 조만간 스스로 사업가의 대열에 합류하기로 작정한 사람이다. 그런 젊은이가 많은 연봉을 기대할 수 있기 때문에 대기업에 취업하는 것이 개인 소유주에게 합류하는 것만큼 유리한 일이라고는 믿지 않는다. 연봉이 그가 바랄 수 있는 전부다. 샐러리맨 회사 대표들도 엄밀히는 사업가로 분류해서는 안 될 것이다. 하물며 그들 밑에 있는 젊은 직원이라면 만년 샐러리맨에서 벗어날 수 있겠는가?

어디서 기회를 찾을 것인가?

파트너십으로 오랫동안 성공한 기업 중 다수가 주식회사 형태로 전환되고, 주식이 시장에 공개되면, 사업에 문외한인지라 속이기 쉬운 전문직 남성과, 때로는 투기성향이 있는 여성, 그리고 미안한 이야기지만, 숱한 성직자와 예술가가 짧은 생각으로 이를 매입하게 된다. 일반인들은 사업을 구매하지만 실은 사업의 주체인 인적 자원을 샀어야 옳다.

트래버즈 이야기를 아는가? 어느 날, 트래버즈의 친구는 개를 보여 주려고 그를 불러낸다. 트래버즈가 온실을 활보하는 쥐를 몰아내려고 개를 사려던 참이었다. 그러나 녀석이 어떻게 쥐를 잡는지 보여 주려 하자 몸집이 큰 쥐가 되레 개를 쫓았다는 것이다. 이때 친구가 트래버즈에게 묻는다.

"어떡할래?"

"당연히…… 쥐…… 를 사야지!" 그가 대꾸한다.

이처럼 사람들은 엉뚱한 것을 사들이는 경우가 더러 있다.

다양한 기업의 주식 시세표를 자주 읽어 두면 유익한 공부가 될 것이다. 일부 신문에서 시세표를 보다 보면 주식의 액면가와 구매가도 아울러 눈에 들어오게 된다. 액면가는 의제자본(fictitious capital)*을 따른다고 할 수 있으나, 이는 일부 사례에서만 해당된다. 제조업체의 경우라면 그 반대가 원칙이다. 자본은 자산의 원가를 온전히 반영하진 않는다.

한편, 회사의 형태를 갖추었으나 파트너십이 아닌 회사들이 많고, 계속해서 실질적으로 파트너십을 통해 사업이 이루어지는 경우가 있다. 소유권이 여기나 저기 혹은 어디에

---

* 의제자본(fictitious capital): 기업은 사업에 필요한 자본을 조달할 때 주식이나 채권 등의 유가증권을 발행한다. 이들 증권들이 내는 이익(주가 차액, 배당, 이자 등)의 이익률을 각 증권의 액면가에 곱하면 자본이익의 총액이 되고, 이것을 시장평균이자율로 나눈 것을 의제자본이라고 한다. — 편집자 주

나 있는 대기업과 이를 비교하면 확연한 차이를 발견할 것이다. 세계 유수의 대형 증기선 운항회사가 좋은 예가 된다. 신문과 친한 사람이라면 알겠지만, 대개는 주주에게 배당금을 챙겨줄 만큼 이익을 창출하지 못한다. 그래서 몇몇 대형 회사 주식은 원가의 절반이나 3분의 1 가격에 매각되어 왔다. 이들은 순수하고 단순한 개념으로는 기업이 분명하지만, 같은 대양을 출항하는 다른 회사를 보면, 지분을 대거 보유한 오너 사업가 일인이 진두지휘하며 매년 거액의 배당금을 지급하는 동시에, 막대한 자금을 유보금으로 확보해 두는 것을 볼 수 있다. 그런 점에서 사업에 적용되는 개인주의와 공산주의가 다르고, 파트너로서 사업을 관리하는 오너와, 사업에는 문외한인 허다한 오너가 수시로 바뀌는 주식회사가 다른 것이다.

이 같은 차이는 판촉과 제조업, 금융, 육로 및 해상 운송업 등, 사업의 모든 영역에서도 끄집어낼 수 있다. 은행도 예외는 아니다. 시중은행 중 다수가 실제로는 몇 안 되는 사업가의 자산인데, 이는 머지않아 업계를 선도하는 은행이 되고, 특히 은행장이 최대 소유주라면 정상에 이른 주가가 늘 회자될 것이다. 경이로운 성공 사례의 중심에 서 있을 테니까. 이러한 파트너십 기업이라면 유망한 사업가가 순수한 파트너십을 통해 소유권을 취득할 기회가 언젠가는 찾아오게 마련이다. 오너가 업무를 관리하며 역량을 끊임없이 지켜볼 것이기 때문이다.

까다롭게 굴어선 안 된다. 현실을 수긍하라. 필요하다면 기업에서 출발하되, 자신만의 사업에 지분을 확보할 수 있는 기회에 눈을 열어 두라. 사업은 지역 사회가 필요한 제품을 공급하는가 하면, 필요한 사무실을 운영하거나 제품을 제조하거나, 혹은 업체를 통해 이를 유통시키기 때문에 업종을 막론하고 얼마든지 성공할 수 있다는 점을 명심하라. 금융업체라면 자본 투자를 관리하는 업무를 담당할 것이다. 성공이 가당찮은 사업 분야는 없다.

성공하는 비결

성공은 정직한 업무와 실력과 집중력의 문제다. 어떤 업종이든 실력이 출중한 인재를 앉힐 윗자리에는 의당 공간이 남아 있게 마련이다. 그들이라면 후원자를 찾을 필요가 없다. 그보다는 어떻게 일자리를 얻을 수 있는지가 중요하다. 모든 직업과 사업 분야가 그렇듯, 정상에는 차지할 공간이 많다. 거기에 이르는 것은 스스로 해야 할 몫일 터인데

답은 간단하다. 자신의 분야에서 평균 이상의 실력으로 업무를 처리하면 된다. 평균을 넘기만 해도 성공은 확보된 것과 다름없으며, 성공의 정도는 평균을 넘어설 수 있는 실력과 집중력의 정도에 비례할 것이다. 사업에서 최고나 그 근방에 이른 사람은 늘 소수에 불과한 반면, 말단에는 어마어마한 숫자가 포진되어 있다. 오르지 못하면 별이 아니라 자신을 탓해야 한다. 실패한 사람의 변명을 들어 보면 누구누구는 크게 유리한 점들이 있었고, 제때 운이 찾아온 데다 조건도 만족스러웠다고들 한다. 하지만 실은 거의 그렇지 않다고 봐야 옳다. 예컨대, 애당초 뛰어들려 했던 개울 한복판에 떨어지더라도 애먼 데로 휩쓸려 가는 사람이 있는가 하면, 같은 개울에 떨어졌지만 반대편에 안착하는 이도 있으니 말이다.

이 둘을 비교해 보라.

실패한 사람을 두고는 판단력이 부족했다는 점을 깨닫게 될 것이다. 그는 목적을 이루기 위한 수단을 감안하지 못했고, 미련한 데다 자기계발에 시간과 노력을 투입하지 않았을 뿐더러 도약도 하지 않았으며 무모한 짓을 일삼기도 했다. 그는 이를테면, 바이올린을 연주할 수 있느냐는 질문에 "그래 본 적이 없으니 잘 모르겠다"라고 대꾸하는 처자와 다를 바 없다. 한편, 개울에 뛰어든 다른 이는 자신을 세심하게 계발하고, 어느 지점까지 뛰어들 수 있을지 파악한 까닭에 "확실한" 카드가 있었던 것이다. 뛰어든 지점이 어디든 거기서부터 물가까지 헤엄치거나, 설령 그러지 못하더라도 다시 도전할 테니 말이다. 그의 판단력은 탁월했다.

여러분, 위신은 중대한 문제다. 칼을 뽑아 무를 자른 이력이 있는 젊은이라면 해를 거듭할수록 사업의 분야뿐 아니라 맡은 업무 또한 증대되게 마련이다. 그러나 실패를 시인하며, 재기를 위해 친구에게 지원을 받으려는 사람은 정말 비굴한 입장일 수밖에 없다.

현장에서 본 대졸자

이전에는 청년들이 20대가 되기 전에 대학을 졸업했다. 하지만 지금은 제도가 달라져, 인생의 씨름판에 발을 내딛는 졸업자의 연령이 대개는 더 올라갔다. 물론 배우는 것도 훨씬 많아졌다. 두말하면 잔소리가 되겠지만, 인생의 주된 업으로 삼으려는 분야에 대한 지식을 습득한다는 최고의 이점에 젊은 대학생이 시간을 쓰지 않는다면, 십대 때부터 일찌감치 현장에 뛰어든 나이 어린 사람보다 불리한 입장에서 사업 세계에 들어설 것이다. 그렇다면 이론 분야에 몰입해 온 대졸자가, 실습이라는 고되고 엄격한 교육에 전념한 1~2년 선배를 제칠 수 있을지가 문제다.

역시 두말하면 잔소리겠지만, 대졸자가 그러지 말라는 법은 없으며, 훗날에는 그가 대학 교육의 혜택을 받지 못한 평범한 사업가보다 폭넓은 시각을 가질 것이 분명하다. 물론 이생에서의 경주는 최종 결과가 가장 좋은 사람이 이기게 마련이다. 시작은 금세 잊히는 데다 중요하지도 않으니까. 하지만 대졸자가 첫 스타트를 끊은 상대를 추월하려면 지구력이 월등해야 한다. 결승선을 통과하는 최종 우승은 좀 더 현명한 판단력으로 이어지는 탁월한 지식에 좌우될 것이다. 그가 부단히 방어해야 할 단점 몇 가지는 단호한 자기수양과 고도의 집중력 및 야심찬 포부가 부족하다는 점을 꼽으며, 이는 어른다운 습관이 자리를 잡기 전에 경주를 시작한 사람의 전형적인 특성이다. 성인이 된 이후, 젊은 대학생의 습관은 사업에 뛰어든 청년의 것과는 사뭇 다를 가능성이 크다.

성공적인 업체에서 한두 살이라도 더 먹은 대졸자가 극복해야 할 크나큰 단점이 하나 더 있다. 이를테면, 절대 호락호락하지 않은 엄정한 인사 및 승진 제도가 현장에서 가동되고 있다는 것이다. 그러니 최하 성적으로 들어갈 수 있는 일자리는 구하기가 매우 어렵다. 누구든 밑바닥부터 출발해야 한다. 특히 젊은 대졸자라면 그래야 관계자 모두에게 더 이롭다.

실력이 출중한 대졸자는 대학 문턱에는 오르지 못했지만 실력이 탁월한 인재를 능가해야 한다. 그래도 더 배웠으니 교육이라는 꼬리표가 항상 눈에 띌 것이다. 물론 다른 자질이 동일하다는 가정 하에 말이다. 실력과 에너지와 포부와 성격이 선천적으로 동일한 두 사람이 있다면 수준이 높고 범위가 넓으며 자신에게 적합한 교육을 받은 사람이 상대보다 더 유리하다는 것은 뻔한 사실이다.

사업가와 투기꾼

모든 진짜 동전은 위조품이 있는데, 투기는 사업의 위조품이다. 사업가는 어김없이 이익의 대가로 가치를 창출한다. 그런 식으로 제 기능을 감당해 온 것이다. 그의 서비스는 공익에 필요하므로 지역 사회에 보탬이 된다. 아울러 그는 국가의 자원을 개발하기 위해 꾸준히 노력함으로써 인류의 발전에 기여할 것이다. 진짜 동전은 이를 두고 하는 말이다. 반면, 투기는 사업가의 노동에 들러붙는 기생충과 같다. 투기는 아무것도 창출하지 않으며 수요를 충족시키지도 않는다. 투기꾼이 성공하면 서비스나 합당한 가치를 제공하지 않고도 이익을 챙긴 것이고, 손해를 본다면 한 수 위인 투기꾼에게 이미 돈을 빼앗긴 것이다. 즉, 투기꾼들은 그저 도박판을 벌여 서로의 품위를 떨어뜨릴 뿐이다. 정직한 사업가는 투기꾼이 될 수가 없다. 어느 한 편의 진로에 대한 방식과 목적이 다른 편에는 치명적인 악재가 되기 때문이다. 사업가 중에서 정직하게 투기를 일삼는 사람은 없다. 그래서 사업가에게 돈을 맡긴 사람은 그가 사업 방법을 엄격히 고수할 것이라고 기대할 권리가 있다. 채권자는 사업에 흔히 있는 위험은 감당하지만 투기라는 위험은 떠안지 않는다. 위조품과 진품 사이에는 공통분모가 없다.

스스로 창업한 사람 중 95퍼센트는 실패한다는 명제는 선뜻 미덥지가 않지만, 그 주제에 대한 조사 결과가 그렇게 발표되었다고 한다. 통계 수치가 허튼소리를 할 때도 있다고는 하지만 비율이 높은 건 사실이다. 그렇다고 해서 주인의식을 가지고 자기만의 사업을 이룩하려는 포부에 찬물을 끼얹으려 한다는 이유를 들며 나를 매도해선 안 된다. 그럴 생각은 추호도 없으니까. 물론 유망한 사업가라면 누군가의 말에 휘둘리지도 않겠지만 말이다. 그는 피츠제임스가 말한 진정한 기사(騎士)이다.

길이 위험하다는 사실이 알려졌다면
위험 자체가 곧 유혹일 것이다.

사업가가 되기로 결심한 청년이라면 중도에 좌절하거나 애먼 진로로 이탈하지 않으며, 사업을 착수하되 시행착오도 기꺼이 감수할 것이다. 즉, 성공을 위해 "흥하든 망하든 한번 해본다"는 이야기다. 그러려면 선두를 달리며 앞서 기회를 찾아야 한다. 샐러리맨이라는 인생의 속박에 자신을 가둘 거라면, 사업에 발을 담그고 나서 자신이 필요한 자질을 모두 갖춘 인재가 아니었다는 점을 깨달은 후에 그래도 늦지 않다.

그럼 이번에는 실력이 출중한 대졸자가 샐러리맨에서 파트너로 발전하는 과정을 개괄적으로 서술해 볼까 한다. 물론 현실과 동떨어진 허상은 아니다. 젊은이를 파트너로 키우는 많은 기업은 매일 변화를 겪고 있으며, 이런 변화가 없다면 신년 초하루를 맞이할 도시는 아마 없을 것이다. 기업이 명맥을 잇기 위해서는 신선한 젊은 피가 필요하다. 여기서 슬슬 좌절감이 밀려온다면 내가 경험한 실화 둘을 들려주겠다. 분명 의욕이 솟구칠 것이다.

살며 그린 스케치

잘나가는 제조업자가 하나 있다. 업계에서는 가히 세계 최고라 해도 손색이 없다. 나는 그를 잘 안다. 자신이 최고의 전성기를 누리고 있다는 그는, 매우 깊은 인상을 주는 인물이기도 하다. 센스 있는 사업가답게 그 또한 사업에 젊은 피를 주입해야 한다는 점을 수년에 걸쳐 깨달았다고 한다. 현재 벌이고 있는 대규모 사업을 직접 운영하는 것이 비교적 쉽겠지만 은퇴 후에도 사업의 명맥을 유지하려면 유능한 인재에 사업을 맡기는 편이 현명하다. 부자가 낳은 아들 중 사업에 걸맞은 취향을 물려받는 이는 거의 없다. 그것이 좋은지 나쁜지는 관심이 없다. 인류 전체로 보자면 나는 그것이 영원하다고 믿는다.

부유층 자제가 가난한 사람의 형편과 그들의 야심찬 실력을 겸비한다면 대졸자에게는 지금보다 더 기회가 줄어들 것이다. 그 사업가는 신선한 젊은 피를 가족에게서 찾지 않았다. 어떤 청년이 그 회사의 일을 맡아 하고 있었는데, 그

회사와 관련된 특정한 사업 문제를 관리하는 데 관심이 끌렸다. 그 청년은 그 사업가를 자주 찾아가야 했다. 또한 현명했기에 그 문제에서 경솔하게 행동하지 않았다. 그의 능력은 만족스러웠지만, 이것은 확인해야 할 여러 면의 하나에 불과하다. 그 청년의 환경과 습관과 취향은 어떠하며 학식은 얼마나 될까? 자신의 업무를 떠나 본성은 어떨까? 전에도 그랬듯이 그 사업가는 이러한 문제를 모두 알아냈다. 사실, 그 청년은 홀어머니와 여동생을 부양해 왔고, 실력이 뛰어난 동갑내기 친구와 선배를 두었으며, 학생 때에는 훌륭했으며, 책을 많이 읽었고, 취향에도 품위가 있었다. 물론 이런 말까지 할 필요는 없겠지만, 남을 배려할 줄도 알고, 자긍심이 강하며, 고결한 인격을 갖추어 저속하거나 품격이 떨어지는 짓은 하지 않았다. 요컨대, 타의 귀감이 되는 청년이었으며 형편은 넉넉지가 않았다(이 또한 두말하면 잔소리일 것이다).

 백만장자인 대표는 비서를 보내 그를 채용해 일을 시키고 싶다고 했다. 즉, 임시로 일을 해줄 수 있는지 물었다. 대표는 물색 중인 인재상을 솔직히 털어놓았다. 이를테면, 발전 가능성이 보이고, 경영의 부담을 덜어 줄 젊은 사업가를 찾고 있다고 말이다. 계약 조건은 점원의 규정에 따라 2년간 근무하며, 공장에는 오전 7시가 되기 몇 분 전까지 출근해야 한다는 것이다. 심신이 고된 일이라는 이야기다. 임금은 전에 받던 연봉보다는 다소 많고, 2년이 되었을 때 양측에서 아무런 통보가 없으면 의무 해지로 각자는 계약의 구속을 받지 않게 된다. 임시로 고용된 것일 뿐인데도 젊은이는 다른 조건이었다면 거절했을 거라고 자랑스레 대꾸했다.

사업은 그렇게 진행되었다. 2년 만기가 오기 전, 고용주는 그가 보기 드문 젊은 사업가라는 점을 깨달아 마음이 흡족했다. 무엇보다도, 판단력을 비롯하여 아주 많은 자질을 겸비한 젊은이였기에 탄복한 것이다. 사업가는 판단력이 부족하면 아무런 가치가 없다. 대표는 그를 고용하게 되어 무척이나 기쁘고, 탁월한 서비스에 만족하며 그를 발견한 사실에 감사하다고 이야기했다. 그래서 고용주는 청년이 기업의 지분을 보유할 수 있도록 조치를 취해 놓았으나, 그에게서 충격적인 답변을 들어야 했다.

"정말 감사합니다만, 그럴 수는 없습니다."

"무슨 문제라도 있는가? 자네가 정말 마음에 드는데, 자네는 내가 마음에 들지 않는 건가?"

"죄송합니다만, 딱히 해명하기가 어려운 이유로 6개월

뒤, 그러니까 2년 만기가 찾아오는 때 회사를 그만둘까 합니다. 미리 말씀드릴 생각이었는데요, 다른 사람을 알아보시는 것이 좋겠습니다."

"어딜 간다는 건가?"

"해외에 갈 생각입니다."

"타사와 계약을 했는가?"

"아닙니다."

"거취도 결정하지 않고 무작정 떠난다는 말인가?"

"그렇습니다."

"뭘 할지 계획도 없는가?"

"예, 그렇습니다."

"지금껏 섭섭지 않게 대접했으니 정확한 이유를 들을 자격이 있다고 보네. 자네도 이유를 밝혀야 할 의무가 있고 말이야."

청년은 마지못해 이유를 밝혔다.

"지금까지 과분한 대접을 받았습니다. 남아 있을 수만 있다면 뭐든 하고 싶은 심정입니다. 댁에 초대도 받고, 출장으로 부재중이실 때는 사모님과 따님이 가고 싶어 하시는 공연에 데려가 달라고 부탁도 하셨지만 더는 그러기가 어렵겠습니다."

물론 여러분도 짐작했겠지만, 대표 역시 그런 상황에서 어떤 일이 벌어졌을지 눈치는 채고 있었다. 청년이 대표의 딸을 마음에 두었다고 한다! 미국에서는 그것이 무분별한 행동이라고 치부하진 않으니 그 사실을 두고 핏대를 세우지 않기를 바란다. 또한 진심으로 사랑한다면 "마음을 사로잡은 사람이 대표의 딸"이고, 재력가의 사위가 되는 부담을 감당해야 할지도 모른다는 것 따위는 무시해야 한다. 단, 부모의 허락이 없다면 아까 언급한 미국에서라도 점원이 젊은 아가씨를 사랑하는 것은 불미스런 일이 되고 만다.

"딸아이에게 말은 걸어 봤나?" 대표가 묻자, 청년은 내키진 않는다는 듯 대꾸했다.
"물론 못 했습니다."
"말을 하지 않았다면, 관심이 있다는 걸 어떻게든 눈치챌 수 있도록 단서는 흘렸는가?"
"그렇게도 못 했습니다."
"왜 그러지 못했는지는 선뜻 이해가 가질 않는군. 딸아이의 마음을 사로잡을 수 있다면 자네야말로 사윗감으로는 손색이 없는데 말이야."

공교롭게도 딸 또한 아버지의 생각과 크게 다르지 않았다. 그녀가 찾고 있던 남편으로 그가 제격이었다고 한다. 젊은 사내는 결국 행복한 사업가가 되었다.

사업의 낭만

이번에는 해외에서 벌어진 실화를 꺼낼까 한다. 두 장인(匠人)이 직접 들려주었는데, 둘 다 자부심이 강한 사람들이라, 그들과의 인연이 무척이나 자랑스러울 따름이다. 얼핏 보이는 바와는 달리, 사업이 그리 따분한 일상은 아니다. 사업에는 낭만과 감성도 배어 있기 때문이다. 나의 경험으로 미루어, 사업의 규모가 크고 업계에서 성공했다는 인정도 받고 실용적일수록 낭만과 기발한 상상력은 더 자주 눈에 띄었다. 특히 세계적인 규모의 사업이라면 최고의 승리는 낭만과 감성과 상상력에서 비롯된 것이리라.

또 다른 일화는 먼저 한 것과 대동소이해서 참신한 이야깃거리는 못 된다. 독자가 결론을 예측해 버리면 내가 구체적인 과정을 풀어내 봤자 따분해질 게 뻔하니 말이다. 어린 조카들에게 배녹번* 전투에 대한 이야기를 들려줄 때도 그랬다. "예전에 잉글랜드인과 스코틀랜드인이 있었는데……."

"삼촌, 누가 이겼는데요?" 셋이 즉시 이구동성으로 묻더라. 자세한 이야기는 필요 없었다. 그러나 이 사례에서는 전투가 없었다. 모두 원만한 중재로 타결되었을 것이다.

첫 번째 일화처럼 장황하게 설명은 하지 않겠다. 거의 같은 이야기인데, 이번 사례에서는 청년이 평범한 과정을 통해 고용되었다는 점만 다를 뿐이다. 인력이 부족한 까닭에 고용되었다가 결국에는 백만장자의 개인비서가 되었고, 그역시 숙명적인 결과에 봉착했다는 것이다. 아버지는 첫 번째 일화와는 달리 타의 귀감이 되고 유능한 그에게 부재 시 아들들을 돌봐 달라고 당부했다고 한다. 이 덕분에 그는 전원에 있는 자택에 갈 수 있었고, 그 청년은 아들들과 스포츠와 게임을 즐겼다. 하지만 대표는 딸이 한 명 있다는 사실은 까맣게 잊고 말았다. 딸아이를 잊다니! 업체의 대표

---

* 배녹번(Bannockburn): 스코틀랜드 중부 스털링의 남쪽에 있는 도시. 여기서 1314년 브루스가 잉글랜드군을 격파하고 독립을 확보하였다. — 옮긴이

이자 가장이라면 이를 유념해야 한다. 이를테면, 아들이 전부라는 생각은 버리라는 이야기다. 아들들을 잘 봐달라는 부탁을 받은 개인비서는 지시를 어떤 식으로든 구두로 전달 받았겠지만 주문의 범위가 아들에 국한된다고 이해하지 않았을 듯하다. 그의 관심이 더 필요한 쪽은 분명 딸이었다. 여기서 눈여겨봐야 할 점이 있다면, 위 사례에 등장한 두 사내는 먼저 고용주로부터 사업가로 인정과 칭찬을 받은 다음에 딸을 사랑하게 되었다는 것이다. 이 같은 수순으로 일을 처리한다면 손해 볼 일은 없으리라 확신한다.

사업이라는 진로의 가치

허락된다면 본문에서 크게 벗어나지 않는 범위에서 다른 분야의 진로와 비교해 사업이 인간에 미치는 영향력을 몇 마디 보탤까 한다.

우선, 예술계의 진로는 매우 편협할 뿐 아니라, 사소한 시샘과 그칠 줄 모르는 허탈감 및 악의를 부추긴다는 점을 얼마 전에 깨달았다. 사업에서 발견된 결과와는 사뭇 대조되는 대목이다. 음악과 회화와 조소는 이를 생업으로 삼아 고생을 자초하는 예술가에게는 바람직한 영향력을 미친다는 점이 입증되었다고들 생각하는데, 사회적인 통념은 그렇지만 경험은 이를 반증한다. 예술가의 작업이나 공연 등은 개인이 모든 과정을 일일이 도맡아 하는가 하면, 대중 앞에 직접 부각되기도 하고 작품이 적나라하게 노출되기 때문에 옹졸한 열정을 자극할 것이다. 물론 다는 아니겠지만 예술적인 마인드가 편향적인 데다 편협하기까지 하다는 점을 두고 반박하는 사람은 거의 없으리라 본다. 단, 예술 분야와 전반적인 결과를 두고 하는 말이니 오해가 없기를 바란다. 평균적인 결과도 설득력이 떨어지게 하는 예외는 어디든 있기 마련이니까. "학문적 직업"을 거론하자면 결과는 대개 전문성이 좌우한다는 점이 확인된 바 있다.

성직에서는 이 점이 그리 두드러지게 나타나진 않는다. 성직이라는 위대한 역할을 감당할 리더는 예전보다 폭이 넓은 주제를 섭렵할 수 있게 되어, 신조나 신앙형식보다는 다양한 국면에서 나타나는 인생의 과오와 현실적인 악습을 좀 더 취급하고 있기 때문이다. 그러니 생각의 폭 또한 넓어지는 것이 당연한 이치다. 법조계는 명료하지만 편협한 지식인들이 모인 곳이라고 하며, 아무리 위대한 법조인이라도 통솔력을 발휘하거나 권력을 쥐는 경우는 거의 없다는 것이 사회적인 통념이다. 물론 법을 공부한 사람은 죄다 속빈 강정 같은 국회의원이나 정치인, 지도자가 된다는 뜻은 아니다. 그것이 사실이라면 지구촌에서 미국이 제대로 돌아갈 리는 없을 것이다. 법조인이 다스리는 국가가 바로 미국이니까 말이다. 그러나 위인으로 정평이 난 저명한 미국인 가운데 위대한 법조인은 없었다. 즉, 그들은 법조계에서 최고의 지위에 오른 적은 거의 없지만, 법학이 정치인에게 주는 엄청난 혜택을 누려 왔고 그 직업의 한계를 넘어 발전해 왔다는 이야기다. 알다시피, 위대한 판사를 비롯한 법조인이라면 으레 기존의 법률과 판례를 다룰 터인데, 법조인은 판례를 따르지만 지도자는 판례를 만든다.

상인과 전문가

모든 전문직의 추세는 프로다운 마인드로 알려진 바를 분명히 밝히기는 하지만 편협함을 극복하진 못하는 듯하다. 인생의 진로로서 사업의 공로가 인정될 법한 점은 수시로 변하는 다양한 문제를 처리해야 한다는 데 있다. 따라서 사업가는 수많은 주제에 대한 해박한 지식에 근거한 다각적인 판단력을 갖추어야 한다. 작금의 훌륭한 상인과 사업가는 자국의 물질적 환경과 자원, 인구통계, 작황, 수로, 재정적인 형편, 즉 현재뿐 아니라, 현재 산출되는 데이터를 토대로 어느 정도는 확실하게 예측할 수 있는 미래에도 영향을 주는 변수까지 꿰고 있다는 것으로 만족해서는 안 된다.

해외로 뻗어가는 상인은 거래처와 그에 해당되는 주된 사안을 파악하고 있어야 한다. 그의 시야는 전 세계를 포괄할 수 있어야 하며, 매 순간 일어나는 일마다 행동을 취해야 한다. 이를테면, 콘스탄티노플에서 벌어진 정치적 혼란을 비롯하여, 동양에 출현한 콜레라, 인도의 몬순, 크리플 크리크*의 황금, 콜로라도 잎벌레**의 출현과 목회 사역의 쇠락, 전쟁의 위험, 합의를 강요하는 중재의 가능성 등, 그가 신경 쓰지 않아도 될 일은 세계 어디에서도 일어나지 않는다는 이야기다. 그러니 탁월한 판단력이라는 보기 드문 자질도 아울러 겸비해야 할 것이다. 때로는 수천 명의 직원을 고용해야 하기 때문에 개성이 다양한 그들에게서 최고의 자질을 끄집어내는 비결도 터득해야 하고, 조직력(이 또한 희

---

* 크리플 크리크(Cripple Creek): 미국 콜로라도주 중부의 도시로 1891년 골드러시가 있었다. — 옮긴이
** 콜로라도 잎벌레(Colorado beetles): 감자에 피해를 주는 해충 — 옮긴이

귀한 자질이다)도 탁월해야 할 뿐 아니라, 경영 능력과 더불어 결정은 신속하고 현명하게 할 줄도 알아야 한다.

어느 직업 분야를 막론하고, 전문가에게는 이런 희귀한 자질들이 그렇게 절대적으로 필요하지는 않다. 따라서 그는 지혜를 연마하고 역량을 증강시킬 수 있는 진로를 선택해야 한다. 사업은 다른 진로와는 사뭇 다른 까닭에 얄팍한 곳에 머리를 쓴다거나 전문화를 지향하기보다는 폭넓은 데이터를 바탕으로 판단할 수 있는 기량을 끌어올려 줄 것이다. 더 많은 문제를 수용하고 훨씬 넓은 시야가 필요한 직업 분야는 사업 외에는 없다. 그러므로 열성적인 사업가가 발휘하는 지적 기량의 범위를 사업이 증진, 계발시킨다는 논리는 타당하리라 본다.

반면, 전문 업종의 진로는 이 방면에서는 훨씬 더 숭고하다. 돈을 번다는 옹졸한 목표가 주된 목적은 아니므로, 돈을 못 벌면 사업 경력이 망가진다는 최악의 위험에서 자유롭다는 점에서 그렇다. 물론 허튼 생각을 갖고 입문하면 모든 진로 중에서 가장 추악한 것으로 전락하기도 하겠지만 말이다. 사업에 발을 내디딘 젊은이라면 대개 이익을 창출하는 데 주안점을 두게 마련이다. 가슴에 손을 얹고 마음을 헤아려보면 누구나 이에 공감할 것이다. 하지만 돈은 처음에만 그럴 뿐 마지막까지 마음에 담아 두어서는 안 된다.

부존자원을 개발하고, 수천 명에게 일자리를 제공하며, 인류에 유익하다는 점을 입증할 만한 발명품을 개발하고 이를 발전시켜 나가는 데 사업가가 감당할 수 있는 효용은 매우 크다. 성공적인 사업가는 노동의 주된 목적이라고들 여기는 돈벌이에 대한 단순한 욕심에 굴하지 않는다. 앞서 언급했던 분야에서 그가 발휘하는 효용성에 대한 고민이 그것을 대신하기 때문이다. 상인은 국제적인 사업의 규모를 비롯하여 각 영해를 누비는 자신의 선박에 자긍심을 느끼는 반면, 제조업자는 고용된 직원과 업무, 기계설비, 발전상, 결함이 없이 돌아가는 공장과 체계, 그리고 지분 및 보수에 자부심을 느낄 것이다. 그가 창출한 높은 이익은 금전이 아니라 "성공"을 의미하기 때문에 만족스러운 것이다.

사업에는 낭만과 평범한 측면이 있다. 금융회사에 입문하여 자본을 다루는 청년은 다양한 방식으로 투자한다. 이를테면 철도회사 채권을 비롯하여, 상인 및 제조업자가 기적을 이룰 수 있도록 그들에게 대출되는 자금에도 투자하는데, 이때 그는 사업에서 낭만과 상상력의 무한한 공간을 발견하게 된다. 또한 그는 저 나름의 한도 내에서 전 세계에 신용을 제공하는가 하면, 단순한 서류 하나로 탐험가를 지구의 최오지까지 파송할 수도 있고, 필라델피아가 낳은 위대한 거상인 리처드 모리스가 독립혁명 당시 워싱턴 장군을 도왔듯이 국가의 위기를 수습하는 데 기여할 수도 있을 것이다. 오늘날에는 금융업자가 국가의 재난 극복에 동참하기 위해 정부에 금을 제공하기도 했다.

상업에 대한 편견은 옛말

청년이 사업에서 낭만을 발견하지 못한다면 그건 사업의 잘못이라기보다는 그 청년 탓이라야 옳다. 모든 이의 혼을 사로잡았던 전기에너지 분야에서 이룬 최근의 발전과 연관된 기적과 불가사의를 생각해 보라. 그는 어떤 형태로든 전기에너지의 영향권 안에 있었음에도, 따분하고 평범한 청년인지라 단조로운 사업을 불가사의한 영역으로 승화시키지 못했을 가능성이 크다. 사업은 돈이 전부가 아니다. 돈은 껍데기일 뿐, 나중에는 안에 든 알맹이를 먹지 않는가? 이처럼 끊임없이 활용되고 계발, 성숙되는 것이 바로 사업가의 수준 높은 역량이다. 군국주의와 미개한 세력이 군림할 때는 상업에 종사하는 사람이 무척이나 멸시를 당했다. 물론 지금과는 사뭇 다른 이야기다. 이 모든 게 얼마나 완전히 바뀌었던가! 하지만 되돌아보면 지구상에서 가장 오래된 가문이 오직 사업에 몸담았다는 점만을 자랑스러워하는 사실로 미루어 이 같은 정서의 뿌리는 분명 최근의 것이다. 양털 부대와 갤리선*은 지금도 문장(紋章)에 뚜렷이 묘사되어 있다. 오늘날 영국에서 가장 유력한(짐작건대) 정치인 중 하나는 데번셔 공작일 것이다. 양당의 신뢰를 받는 인물이기 때문이다. 그는 바로우 스틸 컴퍼니의 대표다. 보수 내각의 현역 의원들은 다양한 무역, 제조, 탄광 회사에서 이사직을 64개나 보유한 것으로 나타났다. 영국에서는 사업을 벗어나는 요령보다는 그에 진입하는 비결이 더 중요한 문제로 대두되고 있다. 프랑스 대통령 또한 경력이 화려한 사나이로, 전성기 때는 명실상부한 사업가였다고 한다. 즉, 사업을 회피하려는 추세는 완전히 막을 내렸다는 이야기다.

고인이 된 독일 황제는 친구인 철강 제조업자 크루프를 제국의 황태자로 추대하고 싶어 했으나, 사업과 아버지에 대한 자부심이 워낙 강한 탓에 황제에게 계급을 낮춰 달라고 당부했다. 강철왕으로 자리를 잡게 된 경위는 그러한데,

---

* 갤리선(galley): 특히 고대 그리스나 로마 시대 때 주로 노예들에게 노를 젓게 한 배 — 옮긴이

아버지의 가업을 이은 크루프의 아들도 그렇게 답변했으리라 확신한다. 오늘날 그는 황제에 버금가는 군주가 되었고, 내가 아는 젊은 크루프 '왕'은 자신의 지위를 자랑스러워한다.

상업을 둘러싼 해묵은 편견은 유럽 중심지에서도 자취를 감추었다. 상업이 변모했기 때문이다. 과거에는 기업의 지사(支社)들이 각각 최소한의 규모로 영업을 했고, 거래량도 적어 사람들도 그리 대범하질 못했다. 게다가 각자는 시시콜콜한 부분에까지 신경을 써야 했으며, 제조나 교역도 스스로 감당해야 했다. 그러니 조직과 기업의 수준 높은 품질이나 폭넓은 시각 혹은 행정 처리 능력이 제대로 발휘될 리 없었을 것이다. 반면, 요즘은 각 지사의 사업이 대규모로 이루어지기 때문에 대형 기업의 제휴 업체가 저 나름의 영역을 주관하게 되었다. 그 결과 몸집이 큰 업체는 왠지 열등해 보이는 독일 군주가 깃발 아래 소집해 둔 군사보다 더 많은 '산업군'을 거느리는 일도 더러 있다.

업종이 같은 두 사람은 서로 마음이 맞지 않는다고들 하지만 이는 옛말에 불과하다. 요즘은 같은 사업에 종사하는 사람들 사이에서도 따스한 우정이 조성되기도 하기 때문이다. 부서가 달라도 그렇다. 이를테면, 어떤 직원은 경리부나 공장 혹은 창고를 드나들며 다양한 방식과 진행 사항 및 신제품을 견학하며 이를 자신의 업무에 적용하기도 한다.

사업 실무는 매우 위대한 것이기에 사소한 시샘을 낳지 않거니와, 이윤과 발전, 발명, 개선된 방식, 과학적 발전, 그리고 이 모든 중대한 문제에서 성공했다는 자긍심과도 관계가 깊다. 사업가가 추구하고 누리는 배당이익은 금전에 국한된 것이 아니다. 그는 금전뿐 아니라 생업으로 삼은 사업의 발전 단계를 끌어올리는 데 일조함으로써 만족감으로 환산되는 배당금도 챙길 것이다.

사업의 보상

나는 인간의 저력뿐 아니라 본성의 좋은 자질을 최대한 발휘할 수 있는 기회가 다분한 것으로 사업을 자신 있게 권한다. 거상이나 은행가 혹은 산업의 선두주자가 선택한 진로가 지성의 힘을 발전시키고 폭넓은 주제에 대한 성숙한 판단력을 배양하는 데 보탬이 된다고 믿기 때문이다. 편견에서 해방되고 열린 마음에서 이탈하지 않는 데도 도움이 될 것이다. 아울러 영속적인 성공은 공정하고 정직한 거래와, 인생을 두고는 흠잡을 데 없는 습관과 바른 생활, 탁월한 감각과 보기 드문 판단력이 없다면 불가능하다는 것을 나는 잘 안다. 신용과 자신감은 언행이 우둔하고 비정상적인 습관에, 사기 행각까지 의심되는 사업가에게 배어 있을 리는 없기 때문이다. 직종을 막론하고 우매한 사람(어린 아이처럼 전공 바깥 지식에 대해서는 문외한이지만 그 방면에서는 성공하기도 한다)이 자리를 잡을 공간이 아주 없진 않겠지만 우매한 사업가가 성공했다는 이야기는 들은 적이 없다. 건실하고 통합적인 판단력이 없다면 그는 분명 실패할 것이다.

따라서 사업은 이 모든 덕목을 배우는 엄격한 교육 기관으로, 다른 진로는 가히 약속할 수 없는 최고의 보상이 기다리고 있다. 나는 사업이 실현한 격조 높은 혜택을 일러두고자 한다. 우리는 사업 과정을 밟은 사업가 덕택에 종합대학, 단과대학, 도서관 및 기타 교육 기관을 마음껏 누려 왔다. 지라드 대학교를 비롯하여, 리하이 대학교와 시카고 대학교, 하버드, 예일, 코넬 대학교 등이 이를 입증한다.

인간이 남긴 유산 가운데 후세에 이름을 남겨, 가장 값진 재산인 건전하고 진보적인 교육을 기관에서 받은 수천 명에게서 10년마다 칭송을 들을 만큼 훌륭하고 확실한 업적이 또 어디 있겠는가? 부의 잉여가치가 신성한 신탁이라는 점을 일찌감치 깨달은 사람들의 공적을 두고 하는 말인데, 이는 최선의 공익을 위해 신탁 소유자가 숨을 거둘 때까지 집행될 것이다.

따라서 일부 사업가가 "움켜쥔다"는 이유로 비난을 받는다면, 우리는 청렴한 토머스 크롬웰 백작이 추기경에게 주장했던 것처럼, 전체로서 그들에게 다음과 같이 정당하게 주장하면서 말할 수 있다. "재물을 쥐려는 탐욕이 강하다면, 대학이 몸소 입증하듯이, 베풀려는 인심 또한 매우 후할 것이다."

* 1896년 1월 11일, 코넬 대학교 강연에서 발췌.

5장
근검절약은 인간의 의무
| 부자의 의무 |

이 주제는 절약하는 습관이 미개인과 문명인의 가장 큰 차이 중 하나라는 사실 때문에 매우 중요하다. 미개인과 문명인의 근본적인 차이가 있다면 전자에게는 절약하려는 마음이 없고, 후자에게는 그것이 있다는 점을 꼽는다. 수백만이 매일 벌어들인 소득의 일부를 저축한다면 개별적으로는 얼마 안 되더라도 이를 합하면 엄청난 액수가 되어 명실상부한 자본이 조성될 것인데, 이에 대한 책도 다수 출간된 바 있다. 미개인처럼 매주 하루도 빠짐없이 수입을 모두 탕진한다면 자본은 존재하지 않을 것이다. 즉, 미래를 위해 저축한 돈이 전혀 없다는 이야기다.

그러면 세상에서 자본이 감당해 온 역할을 살펴보자. 예컨대, 대형 선박을 건조하는 조선업체의 업무를 통해 이를 생각해 볼까 한다. 선박업체는 기획력을 발휘하여 50만 파운드의 조건으로 정기 여객선을 건조한다고 치자. 만족스런 시험 항해를 마치고 인도되면 거래가 완료될 것이다. 제조업체는 조선소 기술자와 목재상, 철강 제조업체 등, 필요한 자재를 제공하는 모든 관계자에게 지급할 자금을 어디서, 어떻게 확보할까? 문명인이 저축한 자본에서 조달하는 것이다. 일부는 수백만의 근면한 사람들이 투자한 자금이다. 근검절약을 몸소 실천하는 개인이 조금씩이나마 은행에 저축하면 은행은 이를 조선업체에 융자해 주고 업체는 이를 사용한 대가로 이자를 지급한다. 막대한 비용이 투입되는 공장이나 철도, 운하 등을 건설할 때도 마찬가지다. 절약하려는 마음이 없다면 미개인처럼 아무것도 얻을 수 없을 것이다.

근검절약은 최초의 의무

그러므로 근검절약은 모든 발전의 근간이 된다. 누구도 절약하지 않았다면 철도, 운하, 선박, 전보, 교회, 대학, 초중 등 학교, 신문사 등 규모와 비용이 막대한 것은 뭐든 누릴 수 없었으리라. 인류는 가치가 크고 중요한 무언가를 생산하려면 절약하고 저축해야 한다. 인간이 절약을 모르는 미개인이었다면 아무것도 건설할 수 없어 장족의 발전은 이루어질 수 없었을 것이다. 문명인이라면 일찌감치 부양할 가족과 자신의 미래를 대비해야 할 필요성에 꾸준히 주목하는 것보다 더 뚜렷한 의무는 없다. 지혜롭고 정직한 사람이 철칙으로 삼는 유익한 규칙 중 하나는 "지출이 수입을 초과해서는 안 된다"는 것이다. 즉, 하루에 번 소득을 모두 탕진하는 미개인이 되지 말고 뭐라도 저축하는 문명인이 되라는 이야기다.

아래는 저명한 시인인 로버트 번즈가 젊은이들에게 남긴 조언이다.

> 운명의 여신이 보내는 금빛 미소를 보기 위해
> 부지런한 자는 여신의 시중을 든다.
> 그리고 어떤 수단을 써서라도 재물을 모은다.
> 영광을 누릴 수 있으니 거리낄 일은 아니다.
>
> 산울타리에 숨긴다거나

열차 승무원을 위해서라기보다는
자립할 수 있다는
영예로운 특권을 위한 일이다.

어느 정도는 괜찮은 조언이니 독자가 이를 몸소 가슴에 새기고 실천해 보면 좋겠다. 자긍심과 자부심이 강한 사람이 남의 신세를 져야 한다면 기분이 좋다거나 마음이 흡족할 리는 없다. 자립하지 못한 사람은 아직 성인의 자질을 온전히 갖추지 못한 까닭에 공화국 시민의 대열에는 낄 수 없을 것이다. 국가의 안녕과 발전은 가방끈이 긴 사람이나 몇 안 되는 백만장자나 혹은 다수를 차지하고 있는 극빈자가 아니라, 상식이 통하고 지성과 근면을 겸비한 저축하는 일꾼이 좌우한다. 그들은 아주 부유하지는 않지만 그렇다고 아주 가난하지도 않다.

절약이라는 의무에도 한계는 있다

저축하는 사람을 두고는 대체로 차분하고 자상한 남편이자 가장이며, 준법정신이 강하고 평화를 사랑하는 시민일 거라고 생각할 것이다. 물론 저축한 자금이 그리 많을 필요는 없다. 불편하지 않을 정도로만 살 거라면 크게 돈이 들지 않는다는 사실에 놀랄지도 모르겠다. 조촐한 집을 매입했다면 몇 백 파운드만(아주 소박한 액수다) 있어도 생활은 크게 달라질 것이다. 검소한 사람이라면 이를 갖추는 것이 생각보다 쉽다. 거부가 된다는 것은 별개의 문제인 데다 그리 바람직한 이상형도 아니다. 백만장자가 되는 것이 절약의 목표도 아니요, 인간의 의무도 아니라는 이야기다. 어느 모로 보나, 이를 인생의 목표로 삼는 것은 미덕이 될 수 없다. 부양해야 할 사람을 맘 편하게 부양할 수 있을 정도만 모은다면 저축의 의무는 종료된 것이기 때문이다. 수백만 달러를 쌓아 두려는 것은 정욕일 뿐 검소와는 거리가 멀다.

물론 우리의 산업 조건에서는 불가피하게 소수, 아니 극소수에게 필요 이상으로 자금이 유입되게 마련이다. 수백만 달러는 모험심과 판단력과 탁월한 사업 수완의 결실이므로 문자적인 의미의 저축에서 비롯되었다고 볼 수는 없다. 하지만 노년이 되어도 이미 산적이 쌓아 둔 잔고를 더 불리려고 안간힘을 쓴다면 그는 소싯적부터 그래왔던 것처럼, 뭔가를 자꾸 모으려는 버릇의 노예가 된 것이다. 처음에는 땀 흘려 벌며 저축한 돈의 주인이었으나 훗날에는 돈이 그를 소유하고 말 것이다. 그가 자제하지 못할 지경까지 이른 까닭은 좋든 나쁘든 습관의 힘이 손을 쓸 수 없을 만큼 강해진 탓이리라. 저축이라는 본능을 발휘해서가 아니라 이를 남용했기 때문에 이런 부류의 인간이 탄생한 것이다.

여유 자금은 무엇이든 이웃의 유익을 위해 집행해야 할 거룩한 신탁금이라는 점을 명심한다면 습관을 남용하진 않을 테니 우려할 필요는 없을 것이다. 사람은 모름지기 주인이 되어야 한다. 돈은 충직한 하인이니 하극상이 벌어지도록 빌미를 제공해서는 안 된다. 돈이 주인이 되는 것을 방관해서도 안 되겠지만 그렇다고 구두쇠가 되라는 소리는 아니다.

인간의 첫 의무는 역량을 계발하고 자립하는 것이나, 의무가 여기서 아주 끝나는 것은 아니다. 문명의 혜택을 그보다 덜 누리는 헐벗은 이웃을 돕는 것도 의무이고, 지역 사회의 공익에 기여하는 것도 의무이기 때문이다. 그는 사회가 제정한 법의 보호를 받으며 살아왔다. 덕분에 그는 다양한 사업을 통해 거둔 수입으로 가족과 자신의 필요를 채울 수 있었다. 따라서 이 모두는 금전적인 성공을 위해 힘을 보태 주고 그를 길러 준 법의 안전망이 없었던들 불가능했을 것이다. 당신이 알고 있는 곳보다 더 살기 좋은 세상을 만들려면 인생의 숭고한 동기가 있어야 한다. 즉, 여유 자산은 성품을 계발하고, 뼛속까지 귀족이 될 수 있도록 품격을 끌어올리는 데 활용해야 한다는 동기 말이다.

의무가 얼마나 중요하며, 그것이 얼마나 분명한지 파악하는 것뿐 아니라, 근검절약의 습관을 기르는 것도 인간의 의무에 든다. 수입이 있다면 미개인처럼 허비하지 말고 문명인답게 매번 일부를 저축하라.

* 〈유스 컴패니언〉 1900년 9월호에서 발췌.

6장
부의 복음

부의 관리를 둘러싼 쟁점

 우리 시대의 문제점으로 부의 적절한 관리를 꼽는다. 형제애의 유대감이 가난한 자와 부유한 자를 서로 조화로운 관계로 엮어 줄지도 모르겠다. 인류의 형편은 지난 수백 년 간 변화와 혁신을 겪어 왔다. 예전에는 상류층과 하층민의 의식주가 크게 다르지 않았다. 아메리카 원주민인 수족(Sioux族)을 방문한 적이 있다. 안내를 받아 추장의 원형 천막에 갔는데, 외견상으로는 다른 천막과 별 차이가 없었고, 내부를 보더라도 가장 가난한 용사의 보금자리와 거의 유사했다. 오늘날 백만장자의 저택과 노동자의 오두막이 서로 대조되는 정도는 문명에 딸린 변화를 재는 척도가 된다. 그러나 이러한 변화는 통탄해야 할 대상이라기보다는 유익한 대상으로 환영해야 마땅할 것이다. 인류의 진보에 바람직한, 아니 꼭 필요한 것은 소수의 가문이 최고의 경지에 이른 문학과 예술, 그리고 세련된 문명에 보탬이 되는 가문이 되어야 한다는 것이다. 아주 없는 것보다는 그래도 있는 편이 나은 법이다. 모두가 구차하게 사느니 차라리 빈부의 격차가 큰 편이 더 낫다는 이야기다. 부가 존재하지 않았다면 마에케나스*도 없었을 것이다. "좋은 옛 시절"은 결코 좋은 시절이 아니었다. 주인과 하인의 지위가 오늘날과는 판이하게 다른 까닭에 과거로 돌아간다면 양자 모두에게 재앙이 될 것이다. 하인이라고 해서 더 좋을 것도 없으며, 아울러 문명도 자취를 감추게 될 것이다. 변화가 좋든 나쁘든 그것은 우리에게 닥친다. 따라서 변화를 수정하고, 수용하고, 선용하는 것은 우리의 능력 밖의 일이다. 필연적인 것을 비난해 봤자 시간 낭비일 뿐이다.

---

* 마에케나스(Maecenas): 고대 로마의 정치가이자 예술의 보호자 — 옮긴이

변화가 어떻게 도래했는지 알기란 쉽다. 한 가지 사례가 원인의 거의 모든 단계를 설명할 수 있을 것이다. 제조업이 완전하게 설명한다. 제조업은 과학 시대의 발명이 자극하고 발전시킨 것이므로, 인간이 종사하는 산업을 모두 조합해 놓은 것이라고 할 수 있다. 과거에는 가정집에 딸린 조그마한 매장이나 집 안에서 제품을 만들었다. 일가의 주인과 견습공이 같은 곳에서 일했고, 견습공은 주인과 함께 살았기 때문에 작업 조건이 같았다. 견습공이 독립하여 일가의 주인이 된다 하더라도 생활 패턴은 크게 달라지는 법이 없었기에 그는 같은 틀 속에서 후진을 양성해 왔다. 한편, 미국에서 산업에 종사하는 사람들은 당시에 목소리를 거의 혹은 전혀 내지 않았는데도 대체로 사회적으로 평등했고, 심지어 정치적으로 평등하기까지 했다.

이 같은 소규모 제조업의 결과로 제품은 조악하고 가격은 아주 비쌌다. 지금처럼 품질도 뛰어난 데다 값도 싼 제품이 시장에 범람하고 있다는 사실은 구세대라면 상상도 할 수 없었을 것이다. 상업에서도 유사한 원인이 거의 같은 결과를 낳았고 인류가 이를 향유하고 있다. 한때 부자도 부담을 느꼈던 것을 가난한 사람이 누리고 있다. 즉, 얼마 전까지만 해도 사치품이었던 것이 필수품이 되어 버렸다. 땅이 없는 노동자는 수십 년 전의 농부보다 더 안락한 삶을 영위하고 있다. 농부의 삶은 더 윤택해지고, 의식주의 격도 과거의 지주보다 더 높아졌다. 반면, 지주는 왕이 구할 수 있었던 것보다 훨씬 예술성이 뛰어난 책과 희귀한 미술품을 소장할 수 있다.

물론 유익한 변화에 대해 우리가 치러야 할 대가는 크다. 공장과 광산만 해도 수천 명을 모집하기 때문에 고용주는 노동자를 거의 혹은 아주 모르고, 노동자는 고용주를 신화 속 주인공으로 생각할 수도 있다. 즉, 노사 간의 소통이 막을 내렸다는 이야기다. 게다가 엄격한 계층제가 조성되는가 하면, 평소에도 그렇지만 서로에 대한 무지가 불신을 조장하는 경우도 더러 있다. 그러다 보면, 각자는 다른 계층을 동정할 줄도 모르고 신분에 대해 폄하하는 발언은 뭐든 믿으려 한다. 경쟁의 법칙이 지배하므로, 수천 명을 거느리는 고용주는 어쩔 수 없이 경비를 절감해야 하고 대개는 인건비의 비중이 크기 때문에 노사뿐 아니라 자본과 노동, 그리고 빈부 간 마찰이 벌어지는 경우가 종종 있다. 사회는 동질성을 잃었다.

사회가 경쟁의 법칙에 치르는 대가 역시 값싼 여유와 사치에 투자하는 것만큼이나 크다. 하지만 경쟁은 실보다는 득이 더 크다. 경쟁의 법칙 덕택에 우리는 물질적인 발전을 이루어 냈고 그러면서 형편도 윤택해졌다. 그러나 그 법칙이 유익하든 그렇지 않든 간에, 우리는 인간의 조건에 생긴 변화에서 언급했던 때처럼 꼭 말해야 할 것이 있는데, 바로 우리는 경쟁을 피할 수 없다는 것이다. 경쟁을 대신할 만한 것은 아직 발견되지 않았다. 경쟁이 개인을 혹사시킬 때가 아주 없진 않지만 인류에게는 매우 유익할 것이다. 경쟁이야말로 모든 분야에서 적자생존의 법칙을 철저히 따르기 때문이다. 그러므로 사업, 산업, 상업이 소수의 손아귀에 집중되는 환경의 커다란 불공평을 우리가 수용해야만 하는 조건으로서 받아들이고 환영한다. 이들 사이의 경쟁의 법칙이 인류에 유익할 뿐 아니라 인류의 미래 진보를 위해서도 필수이기 때문이다. 이것을 받아들이면, 그 다음으로는 특별한 능력을 지닌 상인과 제조업자가 큰 영역의 일들을 큰 범위에서 펼치는 것이 반드시 뒤따르게 된다. 하지만 조직과 관리에 탁월한 인재는 그리 많지가 않은데, 환경이나 법칙을 떠나 조직과 관리에 일가견이 있는 사람이라면 누구에게나 엄청난 보상이 보장된다는 사실이 이를 입증한다. 사업의 베테랑이라면 서비스를 활용할 수 있는 "사람"을 먼저 생각하고, 자본을 둘러싼 문제는 거의 고려할 가치가 없다고 본다. 유능한 인재라면 자본은 곧 창출할 터이니, 꼭 갖춰야 할 재능이 없는 사람이라면 조만간 자본은 날갯짓을 하며 날아가 버릴 테니 말이다. 인재는 수백만 달러를 운용하는 기업이나 업체에 관심을 갖고, 투입된 자본에 대한 이익만 생각한다. 때문에 수입이 지출을 초과하여 부를 축적한다. 그런 사람에게 중간 개념이란 없다. 대규모 상업 및 제조업체는 자본에서 최소한의 이익을 벌어들이지 않으면 머지않아 파산하기 때문이다. 대기업은 전진이 아니면 후퇴뿐이며 중간에 가만히 머무르는 법은 없다. 성공하는 운영에 중요한 조건은 이익을 남겨야 하고, 자본에서 나오는 이익과 더불어 영업이익도 창출해야 한다는 것이다. 이처럼 사업에 필요한 독특한 재능이 있는 사람이라면 경제에 미치는 힘들이 자유롭게 작용하는 조건 하에서 필연적으로 머지않아 자신이 신중하게 쓸 수 있는 것보다 더 많은 돈을 벌게 될 것은 하나의 법칙이며, 그 법칙을 어떻게 이름 붙이든 간에 확실하다. 그리고 이 법칙은 여느 법칙처럼 인류에 유익하다.

  사회가 기초하는 토대에 반대하는 것은 바람직하지 않다. 인류의 조건은 시도했던 다른 어떤 것보다 이들 토대와 함께할 때가 더 낫기 때문이다. 작금의 환경을 뒤엎으려는 사회주의자나 무정부주의자는 문명이 기초하는 토대를 공격하는 주체로 간주되어야 한다. 문명은 유능하고 근면한 일꾼이 무능하고 게으른 동료에게 "씨를 뿌리지 않으면 수확도 없다"고 꼬집을 때부터 태동했기 때문이다. 원시적인 공산주의도 수벌과 일벌을 구분하면서 막을 내렸다. 이러한 주제를 고민해 본 사람은 문명이 신성한 사유재산(수백 달러를 저축은행에 예치할 권리로, 백만장자가 수백만 달러를 예치하는 권리와 대동소이하다)에 의존한다는 결론에 맞닥뜨리게 될 것이다. 사회가 발전하거나, 지금과 같은 발전을 이어 가려면 누구나 "자신의 포도나무와 무화과나무 아래에 앉을 권리가 있으며 이를 유감스럽게 생각하는 사람은 없어야" 할 것이다. 따라서 이 치열한 개인주의를 공산주의로 대체해야 한다는 사람에게 들려주고 싶은 말은, 인류가 이를 시험해 본 적이 있다는 것이다. 미개한 시대에서 오늘날에 이르기까지 진보는 모두 공산주의를 대체하면서 가닥이 잡히기 시작했다. 부를 창출할 능력과 열정이 있는 사람이 부를 축적한 것은 인류에 "실"보다는 "득"이 되었다. 그러나 개인주의라는 현재의 토대를 폐기하는 편이 더 바람직할지도 모른다는 주장을 비롯하여, 인류는 자신뿐 아니라 동료와의 우정을 위해 일하고, 모든 것을 서로 동일하게 나누어 스베

덴보리*의 천국 사상(그의 말마따나, 천사는 자신을 위해서가 아니라 서로를 위한 노동에서 행복을 만끽한다는 지론)을 실현하는 것이 훨씬 더 숭고한 이상이라는 명제를 당분간 인정한다면 "공산주의는 진보가 아니라 혁명이며, 공산주의를 구현해 내려면 인간의 본성 자체를 뜯어고쳐야 한다"는 점을 역설하고 싶다. 본성을 바꾸려면 영겁의 세월이 필요할 터인데, 그러는 편이 나은지는 아무도 모른다.

공산주의는 현 추세나 시대에는 쓸모가 없다. 이론적으로는 바람직하더라도 공산주의는 오랜 명맥을 이어 온 또 다른 사회학적 카테고리에 든다. 우리의 의무는 지금 실행할 수 있는 것부터 시작하여 오늘날이나 금세기 중에 성취할 수 있는 목표를 지향하는 것이리라. "인류"라는 보편적인 나무가 기존의 환경에서 좋은 과실을 맺을 수 있도록 가지를 약간 치면 될 것을 무모하게 뿌리를 뽑으려는 데 에너지를 낭비하는 것은 범죄 행각과도 같다. 개인주의와 사유재산, 부의 축적과 경쟁의 법칙을 폐지하자고 촉구할 바에야 차라리 인류의 이상에 미치지 못했다는 이유로 가장

---

* 스베덴보리(Swedenborg): 스웨덴의 종교적 신비 철학자(1688~1772) — 옮긴이

숭고한 인간을 없애자고 역설하는 편이 나을 것이다. 이들은 인간의 경험을 통해 얻은 결실이자, 사회가 좋은 열매를 낸 토양이기 때문이다. 물론 불공평하고 불합리할 때가 아주 없는 것도 아닌 데다 이상주의자가 볼 때는 흠도 더러 보이겠지만, 이 같은 법칙은 가장 숭고한 인간상처럼 인류가 달성한 결과 중 최고의 가치를 자랑한다.

우선 사업의 환경부터 짚어 볼까 한다. 사업 세계에서는 최선의 공익을 장려하지만 결국 부는 소수에게 몰릴 따름이다. 이러한 조건을 있는 그대로 받아들인다면 상황을 더 잘 분석하고 규정할 수 있을 것이다. 앞서 언급한 바가 사실이라면 우리가 따져봐야 할 문제는, 문명이 근간으로 삼은 법칙이 소수의 손에 좌우된다면 부는 어떻게 관리해야 할까 라는 질문 하나로 압축될 것이다. 내가 제시하는 현실적인 해결책은 바로 이런 중요한 문제를 겨냥한 것이다. 여기서 부는 수년간 땀 흘려 저축한 적당한 액수, 이를테면 가정이 느긋하게 생계와 학업을 잇는 데 필요한 목돈을 가리키진 않는다. 이는 "부"라기보다는 사람이라면 누구나 성취하려는 목표이자 사회의 공익을 위해 습득해야 할 역량이라야 옳을 것이다.

막대한 부를 처분하는 방식은 크게 셋으로 나눌 수 있

다. 첫째, 후손에게 물려주거나, 둘째 공익을 위해 사후에 기부하거나, 마지막으로 살아 있는 동안 소유자가 관리하는 것이다. 소수가 독점하다 싶은 전 세계의 부는 대부분 첫째와 둘째 방식이 적용되어 왔다. 그러면 각 방식을 하나씩 살펴보자. 우선, 후손에게 물려주는 것이 가장 어리석은 관행이다. 군주 정치가 도입된 국가에서는 토지를 비롯하여 선친의 재산이 대개 장남에게 돌아가는데 이는 자신의 이름과 소유권이 후손에 고스란히 전달될 거라는 부모의 허영심을 충족시키려는 풍습에 불과하다. 오늘날 유럽의 해당 계층의 형편을 보면 그러한 소욕과 야심이 실패한다는 교훈을 몸소 가르쳐 주고 있다. 상속자가 판단력이 부족하거나 땅값이 떨어져 재산을 탕진했다. 영국에서는 귀족 특별 상속법까지 제정하여 귀족의 상속권을 보호한다지만 그 또한 적절치가 않은 것으로 드러났다. 어느 새인가 토지가 타인의 손에 넘어가는 경우가 비일비재하기 때문이다. 반면, 공화정 체제에서는 재산이 자손에게 분배되는 방식이 훨씬 공평하다. 그러나 사려 깊은 사람이라면 "막대한 재산을 자녀에게 상속해야 하는 이유"가 궁금해질 것이다. 자식에 대한 애정에서 비롯된 것이라면 그것이 잘못된 애정은 아닐까? 내가 관찰해 보니 일반적으로 상속은 큰 부담이 될 수 있기 때문에 자녀에게 바람직하다고 볼 수는 없었다. 미국도 마찬가지다. 아내와 딸에게 적당한 수입원을 제공하고 아들에게는 용돈 몇 푼 정도를 준다면 좋겠지만 이를 크게 초과한다면 가장은 당연히 주저할 것이다. 물려받은 거액의 재산이 이익보다는 손해가 될 것은 의심의 여지가 없기 때문이다. 현명한 가장이라면 가족의 장래와 국가의 공익을 감안할 때 그런 유증(遺贈)이 재산의 부적절한 사용이라고 결론을 내릴 것이다.

이것은, 자식에게 밥벌이하는 법을 가르치지 못했던 사람은 자식을 가난에 찌들어 살도록 내버려 두자고 제안하는 것이 아니다. 아이가 게으르게 살도록 기르는 게 맞는다고 보는 사람이거나, 혹은 매우 칭찬할 만하게도, 돈에 연연하지 말고 공익을 위해 일하는 자리에 있어야 한다는 의식을 자녀에게 불어넣는 사람이라면, 그땐 당연히 적절하게 물려주는 것이 부모로서의 의무다. 물론 백만장자의 아들 중에는 돈이 많아도 행실이 발라 공익에 이바지하는 사람도 더러 있다. 그들이야말로 이 땅의 소금처럼 귀중한 존재지만 아쉽게도 드물다는 것이 문제다. 그러나 상속자에게 돌아가는 막대한 재산이 어떤 결과를 초래하는지 늘 염두에 두고, 이를 지켜봐야 한다는 것은 예외가 없는 원칙이다. 현명한 사람이라면 "자식에게 거액을 물려주느니 차라리 저주를 퍼붓는 편이 낫다"고 단언할 뿐 아니라, 자녀가 잘되기를 바라는 마음이 아니라 가족의 자부심을 지키기 위해 상속에 미련을 버리지 못한다는 점도 시인해야 할 것이다.

두 번째 방식은 사망할 때 재산을 공공기관에 기증하는 것이다. 자신이 죽을 때까지 기다렸다가 사후에 세상에서 인심이 후한 사람으로 기억되는 데 만족할 수 있는 수단이라면 두 번째가 유일하지 않을까 싶다. 상속된 유산의 결과를 안다면 죽은 뒤에 빛을 발하기를 바라는 소망이 더 커질 리는 없을 것이다. 유언자가 찾는 대상이 나타나지 않은 것도 그렇지만, 그의 소망이 좌절된 사례도 적지 않다. 유산이 공공기관에 보탬이 되긴 했으나 기증자의 어리석음만 부각되는 경우도 있다. 재산을 취득하는 것도 중요하지만, 지역 사회에 실질적으로 보탬이 되도록 이를 현명하게 운용하는 능력도 필요하다는 점을 명심하라. 게다가 어쩔 수 없이 기증했다거나, 죽을 때만 재산을 사회에 환원하는 사람이 칭찬을 받을 리 만무하다. 그런 거액을 환원한 사람은 그러지 않을 수 있는 형편이라면 구태여 기증은 하지 않았을 거라는 인상을 줄 수 있다. 기증자의 후한 인심이 배어 있지 않다는 이유로, 감사가 넘쳐야 할 추모식에서 그런 씁

쓸한 추억이 서려야 되겠는가? 그런 유산이라면 복도 달아나고 말 것이다.

고인이 남긴 대규모 부동산에 붙는 세금이 점차 불어나는 추세 덕분에 여론이 건전하게 달라지고 있다. 반가운 소식이다. 펜실베이니아 주는 현재(일부 예외가 있지만) 시민이 남긴 토지의 10퍼센트를 세금으로 부과하고 있으며, 며칠 전 영국 의회에서 발표한 예산안 역시 상속세 수입을 늘리자는 안건이 있었다. 무엇보다도, 신규 세제는 누진세를 적용하게 될 것이다. 세제 중에서 누진세가 가장 현명한 제도인 것 같다. 누군가가 평생을 쌓은 막대한 부가 공익을 위해 적절히 활용된다면 그 부를 주로 거두었던 지역 사회에 보탬이 될 테니, 국가라는 형태의 지역 사회는 자신의 정당한 몫을 빼앗길 일이 없다고 안심할 것이다. 사망할 당시 부동산에 높은 세금을 매김으로써, 국가는 이기적인 백만장자의 무가치한 삶에 대해 비난을 하는 것이다.

국가가 이런 방향으로 좀 더 발전하면 좋겠다. 사실, 사망 시 국가가 개입하여 사회에 환원되는 재산의 한계선을 설정하는 것은 어려운 문제다. 물론 누진세가 적용되어야 하며 부양가족을 위해 얼마 안 되는 재산에 대해서는 애당초 세율을 적용하지 않되 액수가 증가하면 세율도 높여야

할 것이다. 샤일록*이나 백만장자가 감추어 둔 돈이라면 최소한,

절반은 국가의 비밀금고에 두라

이 정책은 부자가 살아 있을 때 재산 관리에 신경을 써야 한다는 점을 일깨우는 데 탁월한 효과가 있을 것이다. 이는 사회가 주안점을 두어야 할 목표이기도 하다. 국민에게 가장 풍성한 결실을 안겨 줄 테니 말이다. 상속세가 기업의 근간을 무너뜨린다거나 저축에 대한 의욕을 떨어뜨릴지도 모른다는 걱정은 기우에 불과하다. 거액의 재산을 남기고 세상을 떠난 뒤 이름을 후세에 남기고 싶어 하는 사람은 세액이 클수록 국가에 주는 액수가 커 국민의 주목을 받는가 하면, 그야말로 숭고한 야심이라는 점을 염두에 둘 테니 말이다.

이제 부를 활용하는 마지막 방식만 남았다. 여기에는 일시적인 불공평한 분배와 빈부의 조화(조화는 또 다른 이상으

---

* 샤일록(Shylock): 셰익스피어의 희곡 〈베니스의 상인〉에 나오는 고리대금업자 — 옮긴이

로, 공산주의 이상과는 다르다. 문명을 아주 뒤엎자는 것이 아니라 기존의 환경을 좀 더 발전시키자는 것이니까)에 대한 해결책이 있다. 이 같은 부의 운용 방식은 작금의 치열한 개인주의에 토대를 둔다. 인류는 내키는 곳이라면 어디서든 이를 실행할 준비가 되어 있다. 이 방식이 실현된다면 소수의 잉여자산은 공익을 위해 관리되기 때문에 다수의 자산이 될 것이다. 게다가 이 자산은 국민에게 두루 분배될 때보다, 유능한 소수의 손을 거쳐 인류의 발전을 끌어올리는 강력한 변수가 될 것이다. 즉, 이상국가가 실현된 것과 다름없다는 이야기다. 최빈층도 거액이 수년에 걸쳐 자신에게 소액으로 분배되는 것보다는 소수의 이웃이 축적하여 공공의 목적을 위해 조달되는 것이 더 가치가 있으리라는 데 공감할 것이다. 공공의 목적을 통해 다수가 주된 혜택을 누리기 때문이다.

예컨대, 쿠퍼 재단이 이렇다 할 재산이 없는 뉴욕 시민에게 최대한 분배한 결과와, 살아생전 쿠퍼가 임금으로 지급한 것(자선이 아니라 일한 대가만큼 지급되었기 때문에 수준이 가장 높은 분배 형태라 볼 수 있다)과 동일한 수준으로 공익을 위해 조달된 액수를 비교해 본다면, 부의 축적을 둘러싼 작금의 법칙에 깔린 인류의 발전 가능성을 어느 정도는 가늠할 수 있을 것이다. 쿠퍼 재단에서 현재 혹은 대대로 공급될 자금과 비교해 볼 때, 소액이 분배되었다면 총액 중 대부분은 방종으로 허비했을 것이고, 일부는 지출이 초과되었을 수도 있으니, 가정의 복지를 증진시키는 등, 부를 선용한 사례가 인류에 기여할 결과를 낳았는지는 회의감이 들지도 모를 일이다. 폭력이나 극단적인 변혁을 지지하는 사람이라면 이를 곰곰이 생각해 보기 바란다.

또 다른 사례도 있다. 얼마 전, 틸던이 남긴 500만 달러로 뉴욕 시에 무료 도서관이 건립된 적이 있는데, 누구라도 '인생 말년에 막대한 자산을 적절히 관리하는 데 집중했더라면 더 낫지 않았을까'라는 생각이 무심코 들었을 것이다. 법적 분쟁도 없었을 테고 그의 목적을 방해하는 어떤 지체 원인도 발생하지 않았을 것이다. 하지만 틸던의 500만 달러가 결국에는 소중한 공립도서관으로 거듭나 책에 담긴 전 세계의 보화가 어떤 대가나 돈도 받지 않고 일반인이 평생 열람할 수 있게 되었다. 맨해튼 섬 안팎에 모인 주민이 누릴 혜택과 비교해 보라. 500만 달러가 그들의 손에 쥐어졌다면 이 같은 장기적인 혜택을 누릴 수 있겠는가? 공산주의를 열렬히 지지하는 사람이라면 내 소견에 반기를 들겠지만, 생각이 있는 사람이라면 대개는 그러지 않을 것이다.

평생 인간이 잡을 수 있는 기회는 많지 않고 그리 대단

치도 않으며, 경험의 폭도 좁을 뿐 아니라, 최선을 다한 일도 부족하기 짝이 없다. 그러나 거부라면 자신이 누린 복에 감사해야 할 것이다. 그들은 이웃이 지속적인 혜택을 누림으로써 품위 있는 인생을 영위할 수 있도록 자선활동에 매진한 까닭에 복을 받은 것이다. 숭고한 인생은 톨스토이 백작처럼 그리스도의 삶을 닮는다고 해서 이루어진다기보다는, 그리스도의 정신으로 의욕을 얻고, 달라진 시대상을 파악하여 그에 걸맞은 정신을 표출하는 방법을 적용하며, 이웃의 공익을 위해 애써야 실현될 것이다. 예수 그리스도의 인생과 가르침의 본질은 이를 두고 하는 말이다. 물론 실천하는 방식은 좀 다를 것이다.

이제 부자의 의무를 살펴보자. 검소하고 겸손한 삶의 모범을 보이고, 사치나 과시를 삼가고, 부양가족이 누려야 할 적법한 필요를 위해 적절하게 돈을 주고, 그런 뒤 남은 추가 수입은 모두 그가 관리하게 된 신탁기금으로 간주하라(관리에 대한 의무가 엄격히 제한되어 있다). 이때 그는 판단건대 지역 사회에 보탬이 될 성싶은 성과를 낼 수 있도록 머리를 써야 할 것이다. 부자는 가난한 형제를 보살피기 위해 탁월한 지혜와 경험 및 관리능력을 발휘하는 신탁관리자 겸 대리인일 뿐이다. 부자는 가난한 사람의 의욕과 역량을 능가하기에 관리자가 된 것이다.

하지만 가족을 부양하는 데 과연 얼마까지가 적절한 액수인지도 애매하고, 검소하고 겸손하다는 개념도 그렇지만, 이와 마찬가지로 사치의 기준 또한 따지기가 쉽진 않을 것이다. 환경에 따라 기준도 다양할 테니 말이다. 따라서 바람직한 예의범절이나 취향 혹은 적정선을 가늠하는 척도는 수량이나 행동을 구체적으로 규정할 수는 없다. 정의는 불가하지만 널리 알려진 진리는 있다. 국민의 정서는 어느 선에서 불쾌감을 줄 수 있는지 대번에 알 수 있기 때문이다. 그런 의미에서 남녀의 복장에 대한 취향도 여기에 적용된다. 눈에 확 띄는 옷은 뭐든 규범에 어긋난다. 남다른 과시욕으로 유명한 어느 가정이 집이나 테이블 혹은 차량을 구입하는 데 막대한 돈을 썼다면(이러한 행태가 주요 특징이라면) 집안의 문화와 품성이 어떨지 짐작하기란 어렵지가 않을 것이다. 잉여자산을 제대로 활용하는지, 남용하는지, 공익이라면 아낌없이 후하게 베푸는지, 아니면 관리나 상속을 위해 죽을 때까지 긁어모으는 데 혈안이 되어 있는지를 보면 훤히 알 수 있다. 이는 깨어 있는 국민의 정서가 판단할 문제다. 지역 사회도 분명 판단할 것이며, 그 판단은 틀릴 때가 거의 없다.

잉여자산을 선용하는 방법은 이미 이야기했다. 자산을 지혜롭게 관리하려면 명실상부한 지혜를 발휘할 줄 알아야 한다. 인류의 발전을 가로막는 심각한 장애물 중 하나가 바로 무분별한 자선이다. 자선을 빌미로 게으름과 술주정을 조장하고, 자격이 없는 사람에게 돈을 쥐어 주곤 하는데, 거부가 남긴 수백만 달러를 그렇게 탕진할 바에야 차라리 바다에 던져 버리는 편이 더 나을지도 모르겠다. 오늘날 자선 단체로 들어가는 1,000달러 중 950달러는 애먼 곳에 쓰이고 있다. 혹시라도 치료하거나 완화시킬지도 모른다는 기대에 쏟아붓고는 있지만 결국에는 사회적인 병폐만 부추길 뿐이다. 며칠 전에는 유명한 철학책 저술가도 친구 집에 구걸하러 온 사람에게 25센트를 건넨 적이 있다고 털어놓았다. 엉뚱한 곳에 썼다는 심증은 갔지만, 구걸했던 사람의 습관이나 돈의 용처는 알 도리가 없었다. 그 저술가는 자신이 허버트 스펜서*의 제자라고 했다. 그날 저녁의 25센트는, 이 생각 없는 저술가가 진정한 자선에 쓸 수 있는 모든 돈이 내는 유익보다 더 많은 손해를 끼쳤을 것이다. 그는 귀찮게 하는 사람에게서 벗어난 데다 이웃을 도왔다는 이유로

---

* 허버트 스펜서(Herbert Spencer): 영국의 철학자 — 옮긴이

내심 뿌듯했겠지만, 그것이 되레 이기적이고 그의 인생 최악의 행동이 될지도 모르겠다. 어느 모로 보나, 이는 자신이 가장 소중하다는 오만에서 비롯된 것이기 때문이다.

자선을 베풀 때 염두에 두어야 할 점이 있다. 우선, 스스로 노력할 줄 아는 사람을 도와야 하고, 인생을 개량하려고 애쓰는 사람과 재기를 꿈꾸는 자에게 보탬이 될 만한 수단 중 일부를 지원해야 할 것이다. 도와주는 것은 좋지만 무조건 퍼주는 것은 금물이다. 자선으로 개인이나 사회가 발전하진 않기 때문인데, 예외가 되는 경우를 제외하면, 도움을 받아 마땅한 사람은 거의 자선을 요구하지 않는다. 즉, 천재지변이나 돌발적인 사태가 벌어지지 않는다면 착실한 사람이 손을 벌리는 일은 없다는 이야기다. 물론 잠시 도와준 덕에 위기를 넘기고 나서 이를 평생 잊지 않겠다는 사람을 한두 명쯤은 알고 있을 것이다. 하지만 우리는 당사자의 환경을 잘 모르기 때문에 지혜롭게 자선을 베풀었다고 장담할 수는 없다. 지원을 받아야 마땅한 사람을 돕는 것도 그렇지만, 자격이 없는 사람에게 지원금이 돌아가지 않도록 주의하는 사람이야말로 진정한 개혁자가 아닐까 싶다. 위로가 되는 미덕보다는 뿌듯한 병폐가 화를 더 키우기 때문이다.

따라서 부유한 사람은 피터 쿠퍼, 볼티모어의 에녹 프랫, 브루클린의 프랫, 스탠포드 상원의원 등의 전례를 벗어나기 어렵다. 그들에 따르면, 지역 사회에 이바지하는 최선의 수단은 자수성가를 소망하는 사람이 오를 수 있도록 손이 닿는 곳에 사다리를 세우는 것이란다. 이를테면, 무료 도서관을 비롯하여 공원과 레저 수단은 심신 강화에 보탬이 되고 예술 작품은 즐거움을 주고 국민의 취향도 한층 격상시킬 것이며, 다양한 공공기관은 환경을 개선할 수 있으므로 지속적인 혜택이 국민에게 돌아갈 것이다. 잉여자산을 사회에 환원해야 하는 이유를 두고 하는 말이다.

빈부의 문제도 그렇게 해결될 것이다. 자본 축적의 법칙과 분배의 법칙은 자유롭게 남을 것이다. 개인주의는 계속될 것이지만, 백만장자는 빈곤층을 위한 신탁관리자로서 지역 사회의 늘어난 부의 상당 부분을 잠시 동안 맡아 탁월한 의욕과 역량으로 사회를 위해 잘 관리할 것이다. 그러면 최고의 지성인들은, 사려 깊고 진지한 사람의 손으로 흘러간 잉여자산이 매년 공익을 위해 쓰이는 것을 제외하고는 처분되지 않는 방식을 분명히 보게 되는 인류 발전의 한 단계에 도달할 것이다. 그날의 여명은 이미 밝았다. 여전히 거대 기업의 주주로서, 자신의 지분을 처분할 수 없거나 처분하지 않았던 사람이, 죽을 당시에 그의 재산을 주로 공익을 위해 남겨 두었다면 대중의 동정심을 사지 않을 것이다. 그러나 살아생전에 부의 관리에는 전혀 관심 없다가 수백만 달러를 남기고 죽는 사람은 죽을 때 "조문객이 눈물을 흘리지도 않고, 존경하거나 칭송하지도 않을" 것이다. 저승에 가지고 갈 수 없는 그런 '금속 찌꺼기'를 어디에 쓰든 의미가 없다. 그가 들을 대중의 판결은 이것일 것이다. "막대한 부를 남기고 죽는 사람은 수치스럽다."

지금까지 부에 대한 진정한 복음을 전했다. 이에 순종하면 언젠가는 빈부의 격차가 해소되고 "땅에서는 선한 사람들이 평화"를 누리게 될 것이다.

인류애를 발휘할 최선의 분야들

《부의 복음》이 미 대륙에서 호평을 받았지만 당연히 모국에서는 더 많은 관심을 끌었을 것이다. 비교적 오래된 문명일수록 사회 문제를 면밀히 짚으려 할 테니 말이다. 빈부의 격차 및 상류층과 하류층의 대립은 토지가 광활하고 비옥하며 발전 중에 있는 평방 마일 당 스무 명 정도가 사는 미국에서는, 미국보다 15배나 많은 평방 마일 당 거주 인구의 비점유 영토가 없을 만큼 가득 들어찬 영국만큼 첨예하진 않을 것이다. 9월 5일자 〈폴 몰 가제트〉 지(紙)는 영국인들이 《부의 복음》*이라고 즐겨 부르는 글에 대해 제기된 이의를 간략히 소개한 바 있다. 다음은 내가 본문에서 발췌, 인용한 것이다. "카네기 씨에 따르면, 막대한 부는 지역 사회에 커다란 복을 안겨 준다고 한다. 그 덕분에 이런저런 성과를 이루어 낼 수 있기 때문인데, 한편으로는 이런저런 일로 엄청난 악재를 불러일으키는 것도 '부'라고 그는 역설한다. 그러나 카네기의 설교는 벤존 씨**의 실천과 함께 무효가 되었다. 행동이 부의 복음을 죽였다."

이에 대해서는 행동이 또한 기독교의 복음을 죽였다는 반응이 일리 있어 보인다. 부의 복음에 제기되었던 것과 똑같은 반대가 "도둑질 하지 마라"라는 계명에 제기된다. 복음대로 살지 못한다고 해서 복음을 반박한다고 볼 수는 없다. 오히려 그것은 복음을 옹호한다. 복음은 보통의 수준보

---

* 이 저작의 원제목은 《부》였다. — 原註

** Mr. Ernest Benzon: 1888~1889년에 런던을 떠들썩하게 했던 수표 위조 사건의 당사자. 경마 도박 빚을 갚기 위해 1,000파운드 수표를 위조해서 구속되기도 했다. — 편집자 주

다 높아야 하기 때문이다. 법을 어긴 것이 법에 대한 반박으로 볼 수는 없다. 법에 대한 불복종에는 법을 제정하고 유지해야 할 이유가 담겨 있기 때문이다. 절대 위반해선 안 될 법이라면 애당초 필요하지도 않았으리라.

《부의 복음》과 관련하여 가장 눈에 띈 사건은 그것이 글래드스턴 씨*의 관심을 끌었고, 그가 다음과 같은 쪽지를 남겼다는 것이다. "〈노스 아메리칸 리뷰〉의 로이드 브라이스 씨에게 앤드류 카네기 씨가 쓴 《부》가 미국에서만 발행되었는데 여기에서도 이를 출간할 수 있도록 힘써 달라고 정중히 부탁했습니다." 그러자 몇몇 일간지와 정기간행물에 이 글이 게재되었고 어느 출판사는 이를 소책자로 발행하기도 했다. 헌정사의 주인공은 글래드스턴 씨였다.

정말 기분 좋은 소식이었다. "부"라는 중차대한 문제를 순순히 받아들이는 분위기는 사회가 아직은 죽지 않았다는 뜻이다. 이 주제를 연재하며, 잉여자산을 잘 활용하는 분야를 짚어 주어야 한다는 편집자의 당부는, 앞서 밝힌 소견을 독자가 수용하든 거부하든, 적어도 관심을 갖고 들을 거라

---

* 윌리엄 글래드스턴(William Ewart Gladstone, 1809~1898): 영국의 거물 정치인. 총리를 네 차례나 했다. — 편집자 주

는 방증이기도 했다.

막대한 자산을 선용하는 법은 하나뿐이라는 주장이 첫 글의 골자였다. 즉, 소유주는 살아 있을 때 자산의 원천이 되는 지역 사회의 영원한 공익을 증진시킬 수 있도록 자산을 관리해야 한다는 것이다. 더는 관리하지 않아도 되는 자산을 쥔 채로 세상을 떠나면 국민들은 "죽을 때까지 돈줄을 놓지 못하는 사람은 치욕을 당하는 법"이라며 그를 폄하할 것이다.

공익에 보탬이 되도록 잉여자산을 관리해야 할 의무를 이행하는 데 최선을 다하는 요령을 제시하는 것이 이 글을 쓴 목적이다. 부의 복음(거부는 제 손에 들어온 잉여자산의 신탁 관리자라는 점)을 수용한 백만장자가 자산을 선용하는 데 필요한 첫째 조건은 자금을 지출하는 목적이 수혜자의 존엄성을 떨어뜨리거나 빈곤을 부추기는 것이어서는 안 된다는 것이다. 신탁금은 지역 사회의 빈곤층 중 포부가 남다른 사람이 자신의 성공을 위해 마음껏 기량을 펼칠 수 있도록 그를 자극해야 마땅하다. 성공을 위해 몸부림칠 때 현실적으로 도움을 주거나 보탬이 될 수 있는 대상은, 아무리 노력해도 빈곤을 벗어날 수 없거나 당최 달라질 기미가 보이지 않는 사람이 아니다. 시 당국이나 정부가 복지 단체를 통해 의식주를 해결하고 별 탈 없이 인생을 누리게는 해주겠지만, 무엇보다도 가장 큰 문제는 그들이 근면 성실한 사람들과 격리되고 불우한 이웃과 접촉함으로써 도덕성이 해이해질 가능성이 높다는 점이다. 구걸만 해서 편히 살 수 있게 된 사람은 입만 살아 있는 사회학자보다 사회에 더 심각한 위험을 초래할 뿐 아니라 인류의 발전을 가로막는 장애물이 될 것이다. 잉여자산은 포부가 남다르고 부지런한 사람에게 돌아가야 마땅하다. 시시콜콜한 것까지 다 해결해 주기를 바라는 사람이 아니라, 자수성가할 역량과 마음이 있는 사람이야말로 남의 도움을 받을 자격이 있으며, 자선기금의 지원을 받아 도약의 기회를 넓힐 수 있을 것이다.

자선사업가가 맞닥뜨리게 되는 주된 장애물 중 하나는 실질적이고도 지속적인 공익을 추구한다는 미명하에 무분별하게 퍼주는 관행이다. 백만장자라면 자격이 입증되지 않은 사람에게는 지원을 중단하겠다는 의지력을 발휘해야 하지 않을까 싶다. 오늘날 1,000달러 중 950달러는 바다에 빠뜨리는 편이 더 낫다는 라이스 씨의 지론을 명심해야 할 것이다. 부에 대한 나의 경험에 비추어, 그들의 막대한 자산을 자선 단체에 헌납하라고 강요할 필요는 없다고 본다. 인류의 원대한 공익을 위한다면 해롭고도 충동적인 자선을 중단해야 할 것이다. 그런 측면에서 백만장자가 범하는 잘못은 대체로 거절보다는 적극적인 처신에 있다. 자선의 필요성을 심사숙고하지 않는데, 사실 자선을 마다하는 것보다는 그에 순응하는 것이 훨씬 더 쉽다는 것이 더 심각한 문제다. 잉여자산을 확보한 거부는 매년 수백만 달러를 사회에 환원하지만, 이는 되레 선보다는 악을 조장하고 사회의 발전을 저해한다는 맹점을 안고 있다. 오늘날 인류의 발전에 보탬이 된다고들 입을 모으는 행태를 보면 대개가 자선으로써 의존성을 부추기고 있으므로, 진보를 바란다면 스스로 땀을 흘려야 한다는 의욕을 고취시켜야 할 것이다. 신성한 자선을 핑계로 재산을 미련하게 쏟아붓는 경솔한 백만장자보다, 부를 쌓아 두기만 하는 구두쇠가 사회에 피해를 덜 주는 법이다. 걸인에게 자선을 베푸는 사람은 심각한 죄를 저지르고 있는 것과 다름없는데도 자선을 권하는 사회와 기관이 비일비재하다. 경솔한 자선은 지역 사회에 피해를 줄 것이다. 부랑자도 예외는 아니다. 다음은 플루타르코스가 쓴 《모랄리아》에 나오는 구절에서 발췌한 것이다. "한 걸인이 스파르타 사람의 소맷자락을 붙잡고 적선을 부탁하자 그는 '맨 처음 동전을 준 사람이 있었기 때문에 자네가 게으름뱅이가 되었고, 지금처럼 비루하고 부끄러운 생활을 하게 된 것이 아닌가. 지금 내가 동전 몇 닢을 건 넨다면 자네는 앞으로 더 초라한 거지가 될 걸세'라고 대꾸했다." 내가 아는 백만장자 중에 부랑인을 만드는 죄를 확실히 짓고 있는 사람은 거의 없다.

그럼 이번에는 앞으로 백만장자가 잉여자산을 선용할 수 있는 사례를 살펴볼까 한다. 자산을 두고는 자신이 신탁관리자라는 점부터 명심해야 한다.

첫째, 거부가 잉여자산에서 한 발치 물러나 있으려면 대학을 설립하는 것도 묘책이 될 수 있다. 그러려면 어느 나라든 소수라도 거부가 꼭 있어야 한다. 예컨대, 스탠포드 상원의원의 기부금은 규모 면에서 유래를 찾아볼 수 없을 것이다. 그는 막대한 자산을 축적한 태평양 연안에 대학을 건립할 계획인데, 소문에 따르면 건축비만 족히 1천만 달러가 투입되어야 하나, 그는 대학 설립에 2천만 달러를 쏟을 예정이라고 한다. 뭇사람의 시샘을 한 몸에 받지 않을까 싶다. 지난 천년 동안 태평양의 분주한 연안을 칭송하던 연사라면 울시의 그리피스 추모시를 개작해서 낭독할 듯싶기도 하다.

여사님, 사회에 환원하는
그가 가장 고귀한 사람입니다. 그를 죽 지켜보니
이 학문의 자리는……
미완성이지만 아주 유명하고
탁월한 예술인 데다 매우 숭고한지라
그의 미덕은 모든 기독교인 사이에서 두고두고 회자될 것입니다.

지금까지 부를 고귀하게 쓴 사례를 읽었다. 존스 홉킨스 대학교, 코넬 대학교, 패커 대학교 등, 이 같은 교육 기관은 한둘이 아니다. 대개는 기부로 세워진 대학인데, 물론 손에 움켜쥐고 세상을 떠날 수 없을 정도의 재산을 남겼다는 이 유만으로 세인의 칭송을 받을 수는 없을 것이다. 쿠퍼, 프랫, 스탠포드 등은 존경스런 업적에 투자한 만큼이나 경영에도 시간과 애정을 평생 쏟았으니 공로가 인정되고 칭송을 받을 자격이 된다. 현지에 설립된 교육 기관과 성격은 판이하지만, 또 다른 중대한 결실(릭 천문대)이 없다면 지금의 태평양 연안은 상상도 할 수 없었으리라. 숭고한 천문학에 흥미가 있는 거부라면(아니, 최소한의 관심이 있거나 그럴 가능성이 조금이라도 있다면) 따라 해도 좋을 사례가 있다. 천문학 기구 및 설비의 지속적인 발전 덕분에 2~3년마다 최신 망원경이 미 대륙에 분포된 천문대 중 선택된 곳에 설치되고 있으며, 엄청난 규모에 성능도 탁월하여 우주뿐 아니라 지구와 우주의 관련성에 대한 지식도 더욱 넓히고 있기 때문이다. 지금은 고인이 된 피츠버그의 소우 씨도 천문대에 대한 지원을 아끼지 않았기에 이 분야에 업적을 남긴 위인으로 손꼽힌다. 천문대 덕분에 랭글리 교수는 몇 가지 경이로운 연구 결과를 발표할 수 있었다. 현재 스미소니언협회 회장으로 재직 중이며, 헨리 교수의 명맥을 잇고 있는 그는, 세계적으로 유명한 천문대 중 대다수에 설치된 장비를 지원한 피츠버그의 브래셔 씨와도 인연을 맺고 있다. 브래셔는 평범한 기계 수리공이었으나 소우는 그의 천재성을 직감했고, 브래셔가 어려운 시기를 잘 극복할 수 있도록 물심양면으로 도왔다. 이 범상한 수리공은 세계 유수의 과학기관 덕에 교수로 임용되었다. 지금은 유명인사가 된 두 위인을 돕는 데 잉여자산 중 일부를 선용한 소우는 숭고한 업적을 쌓은 것이다. 3인이 서로 협력한 결과, 전 세계에 자리 잡은 과학 센터 중 미국 소재지가 혁혁한 공로와 업적을 남기게 되었다.

극소수의 사람만이 대학을 설립할 수 있고 신설 대학은

다수가 이용할 수 없는 것이 사실이다. 따라서 상대적인 공익은 대학의 수를 늘리거나 규모를 확대해야 성취될 수 있을 것이다. 그러나 교육은 백만장자 가운데 굳이 크로이소스*가 아닌 사람도 후원할 수 있는 분야다. 예컨대, 예일 대학교의 경우에는 후원자도 많았지만 그렇다고 다른 사람이 합류할 여지가 없는 것은 아니었다. 아울러 스트리트 씨가 설립한 미술대학원을 비롯하여, 셰필드 씨가 기증한 셰필드 과학대학원과 루미스 교수가 조성한 기금으로 건립된 천문대도 좋은 예가 될 것이다. 특히 C. J. 오스본 여사의 독서와 낭독을 위한 도서관을 꺼낼라치면 입꼬리가 절로 올라간다. 한 여성의 지혜가 담긴 건물이기 때문이다. 하버드 대학교도 기억에 남아 있으며, 피바디 박물관과 웰스, 매튜스, 테이어 기숙사도 관련 사례에 든다. 세버 홀에는 남다른 가치가 배어 있다. 리처드슨이라는 천재가 10만 달러라는 액수로 이룬 업적을 잘 보여 주기 때문이다. 그리고 테네시 내슈빌에 위치한 밴더빌트 대학교는 부의 복음이 일군 명실상부한 결정체로 회자될지도 모르겠다. 이 대학은 밴

---

* 크로이소스(Croesus): B.C. 6세기 리디아의 마지막 왕이며 거부로 유명하다. — 옮긴이

더빌트 가문이 살아생전에 설립했다. 여기서 "살아생전"이라는 핵심적인 특징에 밑줄을 그으라. 세상을 떠날 때 남기는 유산 가운데 중요한 것은 거의 없으니까. 그들이 조성한 기금은 단순히 기증한 것이 아니라 살을 깎아 낸 결과로 봄직하다. 남는 자산으로 반박의 여지가 없는 훌륭한 공로를 성취하고는 싶지만 방법을 모르는 거부가 있다면 대학에서 해답을 찾아야 할 것이다. 국가가 발전하면 대학의 수요도 늘어나기 때문에 '만석'이라고는 있을 수가 없을 테니 말이다.

둘째, '지역 사회에 기증할 수 있는 가장 좋은 선물은 무엇인가?'라는 의문에 대한 나의 결론은 무료 도서관이 일순위를 차지했다. 물론 이를 위해서는 지역 사회가 이를 공립기관으로 인정하고, 공립학교나 부설기관처럼 시가 소유한 자산 중 일부로 수용, 관리한다는 조건이 따를 것이다. 나의 개인 경험으로 미루어 보더라도 무료 도서관이야말로 사회 환원의 형태 중 값어치가 가장 높다고 확신한다. 어린 내가 피츠버그에서 일할 당시, 앨러게니의 앤더슨 대령은(진심으로 감사하지 않고는 거명할 수 없는 이름이다) 아이들을 위해 어린이 책 400권을 소장한 작은 도서관을 개관한 적이 있다. 매주 토요일 오후가 되면 그는 어김없이 집에서 책을 교환해 주었다. 새 책이 수중에 들어올 토요일을 기다리는 심정이 어떨지 대령 말고 아는 사람은 없었다. 내 평생의 사업 파트너였던 핍스 씨와 나의 동생은 앤더슨 대령의 후한 인심에 공감했고, 당신이 우리에게 열어 둔 보화를 마음껏 즐길 때 나는 훗날 부를 누리게 되면 우리가 대령에게 빚진 것과 같은 기회를 다른 가난한 아이들도 얻을 수 있도록 무료 도서관을 설립하겠노라 결심했다.

일찍이 영국은 국민을 위한 공공도서관의 가치를 가장 높이 평가해 왔다. 예컨대, 의회는 중소도시가 도서관을 시립 기관으로 설립하고 관리할 수 있도록 특별법을 통과시키는가 하면, 해당 도시의 특별법 조항을 수용하는 시민에게는 파운드를 기준으로 1페니 정도까지 세금을 부과키로 한 적도 있다. 이 같은 특별법으로 대다수 도시에 공공도서관이 건립되었다. 도서관은 대개 거부가 기증한 것인데, 그들의 자금은 도서관을 비롯하여 각종 건물을 세우는 데 투입되었고 관리 및 개발은 지역 사회의 몫이었다. 이러한 특성 때문에 영국인이 실용적이지 않을까 싶기도 했다. 그러나 기증된 기관은 으레 소수만 눈독을 들이기 십상이다. 즉, 대중이 도서관에 관심을 갖지 않는다는 말인데, 엄밀히는 관심을 갖지 않게 된다고 해야 옳을 것이다. 지역 사회를 위해 하나부터 열까지 다 구비해 놓으면 수혜자의 노력도 일부 필요하다는 규칙이 무색해지면서 좋은 결과로 이어지는 경우는 거의 없기 때문이다.

국내에 설립된 공공도서관 중에서 볼티모어에 있는 프랫 도서관만큼 지혜가 엿보이는 도서관은 여태 본 적이 없다. 프랫 씨는 볼티모어 시에 도서관을 건립, 잔금을 치르는 동시에 이를 시 당국에 기증했다. 총 100만 달러를 투자한 그는 신탁관리자가 본관과 지점을 관리하고 개발할 수 있도록 총비용의 5퍼센트를 매년 지급하라고 요구했다. 1888년 당시 430,217권의 도서가 배포되었고, 볼티모어 주민 37,196명이 독자로 등록했다. 프랫 도서관을 자주 찾는 37,000명은, 전국에서 패기도 열정도 없고 희망도 없이 살아가는 빈곤층보다 볼티모어와 메릴랜드 주, 미국에 더 소중한 존재라고 해도 과언은 아니리라. 또한 프랫은 목이 빠져라 책을 기다리는 37,000명의 손에 책을 쥐어 줌으로써 국민의 발전에 기여했다고 해도 무방할 것이다. 그의 공로는 스스로 노력할 줄 모르고 그럴 의욕도 없는 주민을 돕는답시고 막대한 자금을 쏟아붓는 거부나 백만장자의 것과는 족히 비교할 수가 없다. 현명한 자산 관리자는 씨앗을 받아 100배의 결실을 맺을 준비가 된 토양에 물을 주지만, 자산을 탕진하는 관리자는 영영 채울 수 없는 체에 물을 쏟는다. 병원체를 키우는 하수가 고인 곳에 물을 붓는 경우도 더러 있다. 그러면 미국 전역이 괴로워할 것이다. 프랫의 업적은 여기서 끝이 아니었다.

숭고한 가치로 승화시킨 100만 달러도 훌륭했지만 그에게는 훨씬 더 위대한 면이 숨어 있었다. 볼티모어에 5호점을 개관할 때 연사는 다음과 같이 역설했다.

"지난 4년간 성취된 결과가 무엇이든, 대개는 프랫 씨의 진심어린 관심과 현명한 조언, 그리고 현실적인 제안 덕분이라는 점을 밝히게 되어 아주 기분이 좋습니다. 그는 거부가 국민의 편의를 위한다고 자선기금을 헌납하는 것이 사회가 바라는 전부라고는 생각지 않은 듯싶습니다. 때문에 프랫 씨는 포괄적이고도 효과적으로 자금을 선용하기 위해 노력해 왔습니다. 때로는 아주 버겁기만 했던 부담을 끊임없이 경감시키기 위해 애쓰는가 하면, 사회에 먹구름이 드리울 때마다 빛을 밝히고 화기애애한 분위기를 조성했으며, 성과를 높이 평가할 뿐 아니라 직무에 대한 충직한 헌신이 진심어린 찬사를 받는다는 점을 일깨워 주기도 했습니다."

 백만장자 중에서 내가 본 것 중 가장 훌륭한 그림이 아닐까 싶다. 앞서 언급한 바와 같이, 프랫은 부의 복음을 전파한 이상적인 사도였다. 노동자 집단이 그 같은 위인을 최고의 리더이자 가치를 따질 수 없는 아군이라는 것을 깨닫지 못하면 어쩌나 하는 걱정은 기우에 불과하다. 고용주와 노동자의 빈부를 둘러싼 문제는 소수의 거부가 살아생전 여유를 가지고 지역 사회의 공익을 위해 자산을 관리한다면 언제든 해결되게 마련이다. 부를 소유하는 데 따르는 책임을 두고는 지역 사회가 크게 부담을 느끼진 않았다. 그날이 오면 빈부 간의 반감은 사그라질 것이다. 지위 고하와 빈부를 막론하고 모두가 한 형제가 되기 때문이다.
 공공도서관이 설립되면 이를 흔쾌히 관리, 개발하려는 지역 사회에 도서관을 세우기로 한 백만장자라면 잉여자산을 선용할 수 있는 묘안 중 하나를 찾는 데 큰 실수를 저지르진 않을 것이다. 존 브라이트의 교훈이 그의 귓전에 울리고 있을 테니까. "젊은이에게 무료 도서관의 책을 열람할 수 있는 기회보다 더 값진 혜택을 베푸는 것은 불가능한 일이다." 쿠퍼 유니언처럼 도서관과 근접해 있거나 가능하면

붙어 있는 공간은 갤러리와 박물관, 혹은 강연과 강의실로 꾸며도 좋을 것이다. 미 대륙을 찾은 관광객은 주요 도시마다 갤러리와 박물관이 있다는 사실에 놀라곤 했다. 규모가 작든 크든, 지방색이 묻어나는 보화가 담긴 창고에는 귀중한 선물과 유산이 끊임없이 유입되어 왔다. 예컨대, 버밍엄의 공공도서관과 갤러리는 이 같은 기관 중에서도 확연히 눈에 띈다. 거부가 이따금씩 서적을 비롯하여 그림이나 다른 작품을 기증하여 가치를 높이기 때문이다. 이제 각 도시는 불연성 건물만 세우면 된다. 해외를 다녀온 사람은 지구촌 곳곳에서 얻은 희귀하고 값진 것을 환원하는 반면, 국내에 있는 사람은 저 나름의 보화를 그곳에 기증할 터인데, 이렇게 보화를 쌓아 둔다면 각 도시는 주민이 혜택을 무진장 누리고 방문객에게 자랑스레 내놓을 수 있는 전시품을 과시할 수 있게 될 것이다. 뉴욕 메트로폴리탄 미술박물관에서 우리는 멋진 데뷔 무대를 관람했다. 잉여자산을 선용한 덕에 추가 이익을 거둔 셈이다.

셋째, 자산을 보람 있게 활용할 수 있는 세 번째 부문은 병원과 의대, 연구소 등이다. 인간의 질병을 경감시키고 완치보다는 예방에 주안점을 둔 기관을 육성하면 어떨까? 그런 목적으로 지역 사회를 지원한들 큰 문제가 벌어지진 않을 것이다. 앞서 언급한 기관은 일시적인 질병을 치료하거나, 희망을 찾기 힘든 노약자 및 환자에게만 피난처를 제공하니까. 의료 시설이 없는 사회에 베풀 수 있는 최고의 선물이 병원 말고 무엇이 있겠는가? 다만 지역 사회가 법인 자격으로 이를 관리한다는 조건이 없으면 곤란하다. 아울러, 병원에 입원 시설이 갖춰져 있다면 이를 늘리는 것도 남는 자산을 백배 활용하는 전략일 것이다. 지금은 고인이 된 밴더빌트가 컬럼비아 대학교 의학부의 화학연구소 건립에 50만 달러를 기부한 사실은 자산을 현명하게 선용한 사례로 꼽힌다. 연구소는 원인을 규명함으로써 질병을 예방하는 데 한몫했다. 물론 다른 기관도 동종 연구소를 창설했지만 자금은 여전히 크게 부족한 실정이다.

신탁관리인 자격으로 맡겨진 자산을 선용하고는 싶지만 딱히 뾰족한 수가 없는 거부가 있다면 이 같은 화학연구소의 가치를 면밀히 조사해도 좋을 것이다. 연구소가 없는 의과대학은 완성되었다고 보기가 어렵다. 대학교 못지않게 의과대학도 그렇다. 새로운 기관을 건립하기보다는 기존 시설이 갖춘 설비를 좀 더 보완할 수 있는 수단을 늘려야 한다는 이야기다. 이러한 수단에 보탬이 될 방편이야 수도 없이 많겠지만, 나는 오스본 씨가 채택한 것보다 더 현실적으로 유용한 수단은 없을 거라고 생각한다. 그는 벨뷰 칼리지에 여성 간호사를 육성할 수 있도록 부설 학교를 건립한 바 있다. 남는 자산을 절반이라도 현명하게 활용한다면 사회가 안고 있는 가장 까다로운 문제도 능히 해결할 수 있을 것이다. 완치가 어려운 데다 큰 피해를 줄 수 있는 병을 극복해 본 사람만이 정규 과정을 마친 여성 간호사의 존재와 직능의 진정한 가치를 공감할 수 있다. 간호사의 취업이 늘면서 여성의 영향력과 입지가 증대되었다. 그래서인지 최근 어떤 상원의원과, 해외에서도 촉망받는 이 나라의 저명한 의사가 간호사 중에서 결혼할 여성을 찾았다는 사실은 이제 놀랍지도 않다.

넷째, 지역 사회가 관리와 미화 및 보존의 책임을 진다면 공원의 조성 기금은 항상 상위권에 랭크되어야 마땅하다. 본인이 태어나 오랫동안 지내 온 도시에 공원이 조성된다면 그보다 더 유익하고 아름다운 유산이 있을까? 지역 사회가 공원에 기증자의 이름을 붙여 준다면 그야말로 시민이 누릴 수 있는 최고의 예우가 아닐까 싶다. 지난달 피츠버그에 대공원을 기증한 셴리 여사가 세인의 주목을 받을 자격이 있는 것도 바로 그 때문이다. 그녀는 피츠버그에서 태어났지만 십대라는 이른 나이에 영국 신사와 결혼하여 세계적으로 명성이 자자하고 부유한 곳 중 하나인 런던에서 40년 정도 살았다. 하지만 어릴 적 추억이 서린 고향에 정을 떼지 못한 탓에 셴리공원을 기증, 본명과 고향을 영원히 엮게 된 것이다. 관리인을 자처한 위인이 막대한 자산을 숭고한 곳에 활용했다고나 할까. 공원이 애당초 조성되어 있다 하더라도 그와 관련된 기증품이 들어갈 공간은 얼마든지 있게 마련이다. 예컨대, 앨러게니의 핍스 씨가 현지 공원에 설치한 온실을 떠올려 보라. 주중에도 적지 않은 사람이 찾지만 매주 일요일이 되면 수천 명의 직장인이 만원을 이룬다. 그가 일요일에 온실을 개장한다는 조건을 명시했기 때문인데, 실험 결과가 이처럼 만족스러웠기에 그는 남는 자산을 투입한 보람이 있다며 올해는 투자 규모를 늘릴 생각이란다. 자산가 중 화초 애호가가 있다면 핍스의 사례와 유사한 일 중에서 시도할 수 있는 일을 고민해도 좋을 것이다. 핍스는 인심도 후하고 현명한 기부자라는 점도 기억해 주기 바란다. 그는 시 당국에 온실을 관리할 것을 요구한 까닭에, 시 당국은 공유화와 공익을 확보하는 동시에 관리에 대해서는 시민의 비판을 피할 수 없게 되었다. 그가 몸소 온실을 관리했다면 국민의 관심을 일깨우지 못했을 것이다.

유럽 전역의 소도시에 조성된 공원과 유원지는 그에 자리 잡은 도서관과 박물관, 미술관 못지않게 놀랍다. 최근에는 노르웨이에서 베르겐 언덕을 본 적이 있는데 그보다 더 마음을 사로잡는 곳은 없었다. 베르겐 언덕에는 그림 같은 유원지와 분수가 있고, 작은 폭포와 한적한 레스토랑이 들어서 있는 데다, 상쾌한 수목과 전망이 좋은 테라스와 조각상이 벌거숭이였던 비탈을 멋지게 장식했다. 지속적인 공익을 실현할 의향이 있는 백만장자라면 심사숙고해 봄직한 분야가 아닐까 싶다. 도시의 매력을 끌어올리는 데 자산을 활용한 또 다른 사례는 독일의 드레스덴에서도 찾아볼 수 있다. 한 유력지의 사주는 시의 미관을 위해 이익 중 일부를 시 당국에 영구 귀속 시켰다. 당국은 미화위원회를 조직하여 도입할 신규 작품을 선정하거나 미관을 해치는 건물은 철거를 권고했다. 누적된 수입은 그런 사업에 투입되었다. 이처럼 애국할 줄 아는 언론사 사주가 자산을 환원한 덕택에 그의 고향인 드레스덴은 머지않아 전 세계에서 가장 예술적인 지방으로 명성을 떨치게 되었다. 완성된 작품은 시 당국이 영구 관리 하도록 해당 관청에 맡긴다. 내가 언론사 사주에게 작센 주에서 동종업계의 사주가 몸소 보인 사례를 권해도 실례가 되지 않을지 모르겠다.

옛 국가의 넓은 도시라면 대개는 아름다운 건물과 명소가 상당히 많다. 장식과 문양 및 건축미를 돋보이게 하려고 숱한 자금을 쏟아부었을 것이다. 사실, 미관을 두고는 미국이 유럽보다 상당히 뒤쳐져 있는 실정인데, 물론 타의 추종을 불허하는 분야가 아주 없는 것은 아니다. 예컨대, 물자 개발은 경쟁국이 없다지만 예술과 섬세한 감각 면에서는 이렇다 할 자리를 차지한 적이 거의 없다. 최근 뉴욕에 잠시 세워 둔 개선문이 드레스덴에서 선보였다면 현지 미화위원회는 도시를 꾸밀 요량으로 언론사 대표의 동의하에 회사 수입을 조달해 가며 영구적인 건립을 주문했을 가능성이 크다.

공원을 지역 사회에 기증하는 것이 최선의 자산 활용법 중 하나로 널리 인정된다고는 하지만, 온실을 추가한다거나 운치 있는 건물과 개선문까지 수용한다는 점에 대해서는 내가 너무 '오버'하는 것이 아니냐며 이를 허황된 망상으로 치부하는 사람도 적진 않을 것 같다. 그에서 파생되는 물질적인 이윤은 결과가 곧장 눈에 띄지 않을지도 모른다. 그러니 대중과 그들의 필요를 감안한다고 실리를 따지거나 물질적인 소득에 치우친 탓에 앞서 열거한 작품이나 동일한 미학의 목적을 위한 부의 가치를 평가절하해서는 안 될 것이다. 도서관과 박물관도 그렇지만, 예술적인 가치가 두드러진 작품 또한 대중을 찾아가야 엄청난 효용 가치를 발휘할 수 있다. 감동을 느끼지 못하는 사람들에게 영합하는 것보다는 선천적으로 개화된 지성인들의 머리에 든 미적 감성을 자극하는 편이 더 낫지 않을까? 인류를 발전시키고자 하는 사람이라면 미미하게나마 솟구치는 신성한 불꽃을 가진 사람을 찾아갈 것이다. 그래야 불꽃이 점차 활활 타오를 테니까.

핍스 씨는 앨러게니 노동자들을 위해 아름다운 꽃과 과수원과 수생식물이 가득한 온실을 조성했으니 자산을 선용했다. 그들은 물론이거니와 그들의 아내와 자녀도 여가 시간에 이를 즐기고 아름다운 자연에 대한 애정도 키울 수 있게 되었으니까. 기껏 빵을 사주는 데 남는 자산을 쓰는 것보다는 그러는 편이 훨씬 낫다. 건강하지만 입에 풀칠하기가 어려운 사람은 자선사업가가 도와주기보다는 국가가 의무적으로 책임져야 할 대상이다. 도시에 온실을 세우거나 아치형 작품이나 석상 혹은 분수대를 조성하는 것이 잉여자산을 현명하게 쓰는 또 하나의 방편이 될 것이다. "사람이 떡으로만 살 것이 아니다."

   다섯째, 회의나 음악을 장려하기 위한 콘서트를 위한 홀을 도시에 기증하는 것도 자산을 선용하는 또 다른 방편이다. 그런 용도로 쓸 수 있는 공간을 확보한 도시가 거의 없다는 점에서도 미국 도시는 유럽에 비해 크게 뒤쳐져 있는 실정이다. 신시내티의 가치를 더하는 스프링거 홀은 스프링거 씨가 기증했다고 해도 과언이 아닌데, 그는 세상을 떠날 때 유산을 상속하는 데 만족하지 않고, 평생 이루어 온 결실을 확보하기 위해 재산 못지않게 중요한 사업 수완과 시간도 기증했다. 홀이 없는 도시에 이를 세우는 것 또한 공익을 위해 자산을 선용한 본보기가 된다. 지식과 정신을 계발하거나 오락을 즐길 수 있는 시설이 십 수개는 있어야 하는데 고작 하나밖에 없는 이유는, 적합한 홀은 희소가치가 높아 임차료가 아주 비싸기 때문이다. 홀의 운영자가 재정적인 어려움을 겪지 않기 위해 그렇다. 미국의 모든 도시에서 위원회나 시장이 유익하다고 인정한 모임에 대해 소액으로 임차나 매매가 가능한 공간이 있다면 시민 또한 강의와 오락과 콘서트를 아주 저렴하게 즐길 수 있을 것이다. 유럽 도시에 마련된 공회당은 앞서 열거한 용도로 쓰이는 오르간을 다수가 보유하여 주민에게 헤아릴 수 없는 가치를 선사한다. 정신을 계발하고 즐거움을 주는 시설의 효용은 누구도 폄하해선 안 될 것이다. 행복한 인생과 바람직한 성품에 큰 도움이 될 테니 말이다. 태어났을 땐 작았지만 지금은 대도시가 되고, 그 또한 성공하여 거부가 되었다면 고향에 뭐라도 보태고 싶어 안달할 터인데, 당국이 관리 및 활용에 동의한다면 오르간을 갖춘 시민관보다 더 유용한 공간은 없으리라 확신한다. 흐뭇한 추억을 되살릴 최고의 묘안이다.

여섯째, 유럽에 비해 우리가 밀리는 점은 여기서 끝이 아니다. 유럽에서 흔히 볼 수 있는 복지 시설로 실내 수영장이 있다. 현명한 기증자들은 시설 관리에 대한 비용을 당국에 요구했다. 아울러 모든 시설은 어느 한 개인이나 공동체의 전유물이 아니며 혜택을 누리는 사람은 어떻게든 관리에 일조해야 한다는 주장의 근거로서 시설이 대중적으로 성공하려면 사용료를 부과해야 한다는 점은 매우 중요한 사실이다. 그러나 대다수의 도시를 보면 초등부 아이들은 정해진 시간과 요일에 무료입장이 가능하다. 취학 전 아동 또한 시간과 요일을 달리하여 대형 수영장을 이용할 수 있으며, 여성 전용 요일과 시간도 당국이 정해 놓았다. 이처럼 내륙 도시에 자리 잡은 시설은 국민 건강을 증진시키는가 하면 젊은 남녀가 수영을 배울 수 있다는 이점도 있다. 수영 동호회가 조직되고 시합도 종종 개최되는데, 여기서 메달과 상금이 수여되기도 한다. 영국 전역의 시설이 발표한 보고에 따르면, 난파선에서 투신한 사람들이 헤엄치는 요령을 익힌 덕에 목숨을 건졌다는 사례가 한둘이 아니라고 한다. 수영 시설에 다니던 학생이 목숨을 구한 일도 비일비재했다. 부의 복음을 따르는 사도라면 선호하는 도시에 대형 수영장과 사설 목욕탕을 세워 볼 만도 하다. 당국이 시정(市政)의 일환으로 관리를 책임진다면 기금이 부적절하게 사용되더라도 그가 직접 해명할 필요는 없다.

일곱째, 내가 일부러 마지막으로 빼놓은 교회당도 남는 자산을 활용할 수 있는 분야다. 교파가 분리된 까닭에 각자는 교파의 이념에 따라 처신이 달라지게 마련이다. 따라서 교회당을 기증한다는 것은 지역 사회보다 특정 종파를 위한 기증이라야 옳다는 사람이 있을지도 모르겠다. 그럼에도 거부라면, 조잡하고 편하지도 않아 왜 세웠나 싶은 목재 건물이 갈림길에 서 있는 교구를 하나 정도는 알 것이다. 일요일만 되면 이웃이 모두 모이는 까닭에 교회는 교리와는 관계없이 사회생활의 중심이자 이웃이 느끼는 정서의 원천이 되어 왔다. 세월의 상흔을 잘 견디는 벽돌이나 석재 혹은 화강암으로 외벽의 구색을 갖추고 탑에서는 운치 있는 종소리가 울리며, 측면으로는 인동과 매발톱꽃이 오르는 건물로 바꾼다면 부의 관리자는 자산의 일부를 선용한 것이다. 한 푼이라도 저렴하게 세울 수 있는 방편은 따지지 말고 완성도를 높일 수 있는 비결을 찾으라. 혹시라도 자금이 넉넉하다면 교회당은 보배로 만들어야 한다. 피라미드와 마찬가지로 시대를 상징하는 순수하고 숭고한 건물의 표본이 미치는 교육적인 영향력을 건축비로 평가해서야 되겠는가. 교구에 자리 잡은 농민의 가정과 감성과 지성은 교회당의 아름다움과 웅장함에 적잖이 영향을 받게 마련이며, 채색이 풍성히 물든 창과 천상의 하모니가 울려 퍼지는 오르간 반주에 넋이 나가는 천진한 아이들은 교회에서 첫 메시지를 듣고는 현실이자 일상생활의 물질적, 세속적 주변 환경을 초월하는 경이롭고 황홀한 영역에 이끌리게 될 것이다. 이 새로운 경지는 경계가 애매한 탓에 이를 딱히 규정할 순 없는데, 이러한 기묘한 영역에 진입하게 되면 인간은 바깥세상보다 훨씬 더 소중한 내면의 삶을 영위하게 되고,

매일 어느 길을 가든, 승리의 쾌감을 만끽하든 고배를 맛보든, 무엇을 보고 무엇을 듣든, 생각과 행동이 어떻든, 이 모두는 내면의 삶을 비추는 광채로 신성해지고 만상은 영광을 나타낼 것이다. 내면에서는 만사가 순조로울 따름이다. 하지만 기증자는 건물을 주고 나면 거기서 멈춰야 한다. 교회당의 지원은 교회 구성원들에 의해 이루어져야 한다. 회중이 있다고 해서 진정한 종교는 아니며 각 가정이 지원하지 않는 교회는 덕을 세우지 못하는 법이다.

지면에 쓰진 않았지만, 잉여자산을 현명하게 선용할 수 있는 다른 방안도 눈치 챌 수 있지 않을까 싶다. 나는 개방된 영역 중에서 막대한 자금을 현명하게 활용할 수 있는 소수만(극소수라야 옳을지도 모르겠다) 열거했을 뿐이다. 물론 지역 사회에 보탬이 될 수 있는 구호활동이나 사업은 백만장자만의 특권은 아니다. 소액이라도 쓰고 남은 자금이 있는 사람이라면 누구나 부유한 형제와 이 같은 특권을 나눌 수 있다. 형편이 빠듯하다고? 아무리 어려워도 남는 시간은 누구나 있을 것이다. 자금 못지않게 중요한 것이 시간인데, 시간이 더 중요한 경우도 비일비재하다.

잉여자산의 선용에 대해서는 보편적인 견해가 나온 적

이 없지만, 설령 있다 하더라도 그것이 바람직하다고 보긴 어려울 것이다. 사람도 다르고 지역도 다르고, 용도도 같을 수는 없을 테니까. 부의 관리자의 판단을 가장 높게 평가하는 것은 그것이 그에게 가장 유익하기 때문이다. 사람은 자기가 하는 일에 애정이 있어야 한다. 부를 관리하는 일은 사람이 하는 다른 분야의 일만큼이나 중요한 일로서 열정을 다해야 하며, 자신의 일이 그 분야에 있다고 느껴야만 한다.

공공복리를 위한 현명한 자선 활동이 둥지를 틀어야 할 공간과 필요성은 여전히 남아 있다. 대학이나 도서관 혹은 연구소를 세운 사람은, 물심양면으로 공원을 장식하고 국민을 위한 예술을 수집하거나 기념문을 건설하는 사람 못지않게 유익한 사업을 벌인 셈이다. 포도원에서 땀 흘리는 일꾼과도 다름없다. 부의 복음이 요구하는 핵심은, 손수 모은 자산 중 남는 부분은 공익에 선용할 수 있을 법한 목적을 위해 그가 신탁관리인 자격으로 "생전에" 관리해야 한다는 것이다. 임종 때 손에 쥘 수 없는 유산을 남기며 자신이 감당해야 할 부담을 제3자에게 떠넘기는 것은 무가치한 일이다. 이웃에 대한 희생이나 의무감이 들 여지가 없을 테니까. 부자의 천국 입성에 대한 말씀이 난해하다고 입을 모았던 시대가 있었다. 그런데 요즘은 모든 의문점이 철저히 규명되고 신앙의 기준이 자유주의 해석의 영향을 받은 탓에 그 오묘한 구절의 순위가 밀려나고 말았다. 명쾌히 이해할 순 없겠지만 주의 깊게 들여다볼 가치는 있으나 이를 문자 그대로 이해해서는 안 되는 까닭에 좀 더 긍정적인 개정판을 기다린다는 취지에서 말이다. 그런데 차후에 나올 해석이라면 말씀의 힘과 순수성이 밴 교리가 복원될 수 있을까? 어디서든 눈에 띄는 데다 늘 아쉬움을 자아내는 부자와 가난한 자, 그리고 빈부라는 대립 구도에 대해 정통한 사상과 완벽히 조화를 이룰 수 있는 교리 말이다. 그리스도의 공생애 당시, 개혁가들이 부유층과 대립되었다는 것은 분명한 사실이다. 그럼에도 우리는 그 같은 입장을 되풀이하고 있으니, 심기를 불편하게 했던 본문("낙타가 바늘귀로 들어가는 것이 부자가 하나님의 나라에 들어가는 것보다 쉬우니라.")을 사회가 조만간 인정한다고 해도 사회 발달을 연구하는 학자라면 이를 당연하다고 여길 것이다. 바늘이 출입구의 여닫이문을 의미한다손 쳐도 본문은 부자가 천국에 들어가는 것이 대단히 어렵다는 뉘앙스를 담고 있다. 부자가 내세에 심판이나 착취를 당하리라는 신학자의 소견은 부자로 죽는 사람이 치욕을 당한다는 지론에서 비롯된 것에 불과하다.

 그리스도의 말씀은 부의 복음에서도 메아리친다. 예수 그리스도는 부자가 하늘의 부름을 받아 대지의 어머니 품에서 영원히 안식하기 전에 재산을 모두 팔아 가장 좋은 것을 가난한 자에게 베풀라고 주문했다. 이는 이웃의 유익을 위해 스스로 부를 관리하라는 대목과도 일맥상통한다. 그런 부자라면 세상을 떠날 무렵에는 수백만 달러를 쌓아두기만 하는 무지한 졸부로 전락하진 않을 것이다. 비록 금전적으로는 매우 가난해지겠지만 사회의 애정과 감사와 칭송을, 웬만한 부자보다 수십 배는 더 많이 받을 뿐 아니라 '이생에 태어난 덕분에 커다란 세상 중 일부의 형편이 조금이나마 나아졌다'라는 내면의 소리에 힘과 위로를 얻게 될 것이다. 이 같은 부자라면 천국의 문턱은 아주 없어질 것이다.

  * 〈노스 아메리칸 리뷰〉 1889년 6월과 12월호에서 발췌.

7장
가난의 특권

〈노스 아메리칸 리뷰〉에 게재된 나의 두 에세이가 〈폴 몰 가제트〉지 덕분에 좀 더 참신하고 눈에 확 띄는 제목인 《부의 복음》으로 재발행된 것도 그렇지만, 두 작품이 지성인의 관심을 유도할 위인의 주의를 끌었다는 점도 반가운 소식이다. 글래드스턴 씨가 〈노스 아메리칸 리뷰〉 11월호에 기고한 논평과 추천으로 걸출한 후원자들이 나타난 것이다. 12월호에서는 저명한 인사가 이를 유심히 지켜보기도 했다. 평론은 범위가 넓기 때문에 《부의 복음》에 실린 개념에 한정하여 살펴볼까 한다.

우선 글래드스턴 씨는 부의 증식의 불길한 조짐에 주안

점을 두었다. 그러나 어떤 관점을 보더라도 나는 증식이 일단 유익하다고 본다. 알다시피, 부는 쌓이는 속도도 빠르지만 그것이 국민에게 돌아가는 몫도 점차 증가하고 분배되는 속도도 빨라지고 있으며, 자본과 노동의 결합 상품의 지분이 이전 세대보다 현 세대의 노동자에게 더 많이 돌아가는 데다 액수도 점차 증가하고 있기 때문이다. 수많은 정보원이 내놓은 증거가 이를 입증한다. 최근 숫자는 적지만, 막대한 자금이 미개발 신대륙인 아메리카에 누적되고 있다. 작금의 환경은 예전에는 존재하지도 않았는데, 이를테면 요즘은 미국에서도 거액을 잃는 것이 창출하는 것보다 훨씬 더 쉬워졌다. 이는 득보다 실이 더 큰 사례가 부쩍 늘었다는 방증이기도 하다. 따라서 "헨리 조지의 교리와 논리를 어떻게 생각하든 그가 밝힌 사실은 누구도 부인할 수 없지만 카네기가 주창한 '진보'는 상대적으로 덜 가진 이웃의 '빈곤'으로 성취된 것이다"라는 휴 프라이스 휴즈 목사의 발언에 나는 놀랄 수밖에 없었다.

내가 살펴본 바에 따르면, 사회 및 경제 분야에서 저명한 작가는 모두 조지의 발언을 반박하며 그와는 정반대라야 옳다고 주장해 왔다. 조지가 쓴 《진보와 빈곤》은 두 명제(첫째는 부익부 빈익빈, 둘째는 토지가 소수에 집중된다는 것)를 근거로 삼는다. 그러나 부자는 점차 가난해지고 가난한 사람은 되레 부유해지며, 토지는 소수의 손을 거쳐 다수에 쏠린다는 것이 요즘 추세다. 멀홀이 집필한 《국가 발전 50년사》에 실린 연구 결과(23~27페이지)는 부의 분배를 둘러싼 진실을 파헤치려는 사람이라면 꼭 읽어 보기 바란다. "부는 소수에 집중되지 않고 있다. 매년 부자의 숫자는 증가하고 있는 반면 자산은 점차 줄어들고 있으며, 인구의 비율로 따져볼 때 가난한 인구는 점차 감소하고 있다"라고 그는 주장했다. 미국에서도 정도의 차이는 있으나 결과는 같았다. 토지의 경우, 정부에서 실시한 조사에 따르면 농장의 평균 면적과 수는 아래와 같다.

농장의 수*

1850년	1860년	1870년	1880년
1,449,073	2,044,077	2,659,985	4,008,907

평균 면적(에이커)

1850년	1860년	1870년	1880년
203	199	153	134

---

* 1890년에는 미국 농장이 4,564,641개였고, 평균 면적은 136.5에이커였다. — 原註

영국도 농장의 수는 증가하는 반면 평균 면적은 감소하고 있는 추세다. 강경한 법 조항으로 운영이 쉽지 않은데도 말이다.

나는 휴즈가 허버트 스펜서의 명언을 인용했다는 데 공감이 간다. "막대한 부가 위대한 축복이라는 안타까운 망상에 사로잡혀 있다"는 스펜서의 소견은 틀린 구석이 하나도 없는 발언이다. 휴즈가 조지의 입장을 전혀 모르지 않았을 것으로 보인다. 허버트 스펜서는 조지의 저서인 《진보와 빈곤》을 몇 페이지 읽어 보고는 "쓰레기"라며 집어 던졌다고 한다. 내가 아는 저명한 사상가나 저술가 중에서 이런 평가에 공감하지 않는 사람은 휴즈밖에 없었다.

나의 소견에 대해 말하자면, 물론 견해가 같은 무리를 대변할 뿐 사견은 아니다. 내가 확신하는 사실은 "진보"가 이루어지면 "점차 빈곤"해지는 것이 아니라 국민이 더욱 부유해진다는 것이며 이를 휴즈에게 설득하고 싶다. 고용주가 발전하면 국가와 노동자 또한 부강해지게 마련이다. 미국에서 "빈곤이 점차 득세하고 있다"고 외치는 한 사람을 상상해 보라! 노동자가 힘써 모은 목돈으로 집을 살 수 있는 나라는 다름 아닌 미국이다. 저축은행은 노동자가 돈을 예치하는 여러 곳 중의 단 한 곳일 뿐이다.

1890년 미들 스테이츠 지역*과 뉴잉글랜드 지역에(백만장자가 집중되어 있다) 사는 인구는 영국 전체의 절반을 웃도는 1,730만 명이고, 127,900만 달러를 예치한 것으로 나타났다. 파운드화로는 25,500만 파운드로 전년 대비 1,300만 파운드가 증가했다. 계좌의 수는 총 352만 개이므로 남녀노소를 막론하고 다섯 명 중 하나가 통장을 개설했다는 뜻이다. 즉, 가구 당 하나는 계좌가 있다는 이야기도 된다. 주택에 투자하는 목돈은 저축은행의 예금을 크게 웃돈다.

1880년 미국에서 실시된 조사에 따르면, 5,000만 인구 중 공식 집계된 구호 대상자는 88,665명인 것으로 나타났다. 공영 자선 기관에는 극빈자보다 정신 지체와 시각 장애인이 더 많고 청각 장애인은 절반 정도 된다. "장애인"의 비율은 유럽의 절반을 밑돌고 있다. 미국은 "자립이 어려워" 누군가가 보살펴야 하는 사람이 1천 명당 다섯이 채 안 되지만 영국은 1천 명당 서른셋이나 된다. 물론 영국의 미자립인은 예년 숫자의 4분의 1로 감소한 데다 꾸준히 줄어들고 있어 다행이다. 극빈자를 찾아가는 자선 단체는 이 같은

---

* 미들 스테이츠(Middle States): 펜실베이니아, 뉴저지, 뉴욕, 델라웨어, 메릴랜드 주 지역을 가리킨다. ― 편집자 주

추세를 더욱 가속화시킬 수 있다. 자국의 노동 계층에 인간다운 자긍심과 영국의 전매특허인 절제와 검소한 습관을 심어 주고, 빌붙어 살려는 안일한 생각을 퇴치하며 빈곤과 필요를 충족시켜 준다면 미자립 추세는 미국 수준까지 감소할 것이다. 물론 좋지 않은 습관(사고나 질병은 제외) 때문에 가난해졌다면 딱히 도리는 없다.

휴즈가 사실과 반대되는 발언을 고의로 유포시키진 않았을 것이다. 그러니 가난과 빈곤과 구호 대상자가 급격히 감소하고 있는데, 대개는 자선이나 부유층의 노력이 아니라 교육을 통해 습관을 교정함으로써(이를 토대로 지속적인 발전이 이루어질 수 있을 것이다) 줄어든다고 그가 주장한다면, 모든 권위 있는 저술가들이 어리둥절하지 않는다는 점에서 그가 위안을 얻기를 진지하게 바란다. 아울러 글래스고의 조선소를 비롯하여 셰필드의 철강업체, 그리고 미들랜즈의 광산이나 산업 시설을 두루 연구해 보더라도 노동 계층이 예전이나 여느 업종의 노동자에 비해 더 높은 보수를 받고 있다는 사실을 알게 될 것이다. 거부가 세운 대기업 시설을 제외한 다른 곳에서 받는 연봉보다 훨씬 높지 않을까 싶다. 영어를 구사하는 민족의 역사를 돌이켜 볼 때 그들이 어디에 정착했든 요즘처럼 국민이 안락한 생활을 누리고 장래를 위해 목돈을 은행에 예치할 수 있는 시대는 없었다는 사실을 늘 염두에 두어야 할 것이다. 진정한 개혁가는 국민이 안락한 삶을 누리지 못할 경우 기존의 환경보다는 습성에서 만족스런 답을 찾는다.

"저울의 한쪽 끝에는 거부가, 다른 끝에는 빈민이 있다"는 휴즈의 지론과는 달리 사실은 그 반대라야 옳을 것이다. 백만장자가 존재하는 국가에서는 구호 대상자에 대한 시각이 고울 리 없다. 운 좋게도 백만장자를 거느리는 지역이 많을수록 국민의 만족도도 높아질 테지만, 거부는 인구가 4억인 중국에도 없고 일본과 인도에서도 찾을 수가 없다. 비록 러시아는 한둘 정도에 그치고 독일은 두어 명 정도가 확보되었을 따름이다. 프랑스는 군주와 세습 귀족을 제외하면 전 지역을 통틀어도 네다섯이 될까 말까다. 따지고 보면 거부는 영국의 작은 섬이 유럽 전역보다 더 많고, 미국은 영국보다 더 많은 거부를 보유하고 있다. 즉, 백만장자가 쉽게 늘어날 수 있을 때 국민의 수입도 증가하게 되어 있다. 영국 노동자들은 일당이 중국이나 러시아, 인도 혹은 일본의 대장장이나 목수가 받는 주급보다 많고 유럽 대륙의(영국과 아일랜드를 포함하지 않는) 노동자가 받는 보수보다는 두 배 더 높다. 반면, 미국의 베테랑 장인은 영국의 장인보다 두 배도 더 되는 보수를 받고 있다. 국민이 다 같이 번영할 때 백만장자도 늘어나게 마련인데, 이때 번영은 곧 국민의 땀에서 비롯되는 것이다. 휴즈의 소견과는 달리, 부의 대가는 동포의 희생으로 치른 것이 아니다. 임금을 강제로 낮춰야 한다면 아무리 유능한 거부라도 이익을 창출하진 못할 것이다. 임금이 높은 시기에 이익이 누적되고, 지급해야 할 보수가 높을수록 고용주의 수입도 늘어나는 법이다. 결국 자본과 노동은 적대 세력이 아닌 연합 세력이며, 이웃이 성공하지 못하면 본인도 성공할 수 없다는 명제는 거짓이 아니라 참이다.

진부한 글로 지면을 낭비한 데 대해 사과해야 하지 않을까 싶지만, 자본과 노동 사이에 쓸데없이 존재하는 편견과 반감은 대부분 앞서 인용한 휴즈의 발언에서 일어났기에 이를 그냥 좌시할 순 없었다.

다시 글래드스턴으로 화제를 바꾸어 보자. 과연 그의 입장이 《부의 복음》에 완전히 합치되었을까? 다행히 복음의 범위와 목표를 두고는 호평이 자자하여 내심 기분은 좋았지만, 실은 주된 포인트에 대한 비판이 더 중요했다. 그는 "일부긴 하지만 적잖이 다르다"고 밝혔다. 본디 글래드스턴은 직위와 재산뿐 아니라 사업도 상속해야 한다는 원칙과 아울러, 현역 후계자의 역할에서 묻어나는 품위에 애착을 느꼈으니 당연히 나와는 입장이 달랐을 것이다. 그럼 이 문제부터 짚어 보자.

쓰고도 남을 자산은 이를 손에 쥔 사람이 생전에 공익을 위해 관리해야 하는 거룩한 신탁금으로 간주해야 한다는 것이 부의 복음에 깔린 근본 사상이다. 복음은, 살아 있을 때 얼마든지 관리할 수 있는 엄청난 재산을 부여잡은 채 세상을 떠나는 그가 치욕을 당하며 죽는 날이 오리라는 예언을 들려주며, 손과 마음을 비우고 죽는 것이 백만장자의 목표가 되어야 한다고 주장할 뿐 아니라, 검소한 소비 생활도 호소하고 있다.

복음 전파를 가로막는 가장 심각한 장애물은 자녀에게 유산을 상속하거나 화려한 삶을 과시할 요량으로 부를 축적하려는 만연된 욕심에 있다. 따라서 나는 상속의 근본 원인이 자녀가 잘되기를 바라는 염원보다는 부모의 허영심에 있다는 점을 입증하기 위해 노력해 왔다. 막대한 부를 남긴 부모는 대개 자녀의 열정과 재능을 썩히는 경우가 허다했고, 상속하지 않았을 때보다 훨씬 더 저급하고 헛된 인생을 살아도 괜찮다는 인상을 주었다는 점이 부정할 수 없는 증거가 아닐까 싶다. 내가 어느 부유한 여성의 방명록에

"막대한 재산을 남길 바에야 차라리 저주를 퍼붓는 편이 낫다"라고 쓴 이후 수년이 흘렀다. 일반적인 원칙에는 예외가 따르는 법이지만 이 원칙의 예외는 다른 것보다는 적다고 생각한다. 이를테면, "부는 청년에게 내린 저주요, 빈(貧)은 축복"이라는 것이다. 혹시라도 이 명제에서 야박한 뉘앙스가 풍긴다면 "부는 청년에게 불리하고 곤궁한 삶은 유리하다"로 바꾸어 읽어도 무방하다.

글래드스턴은 이렇게 물었다. "직업의 소명과 책임이 동반되는 부와 지위를 자녀에게 물려주는 것이 병폐가 아니라 좋은 것이라면, 그게 지나친 주장일까요? 은행가나 출판업자 혹은 무역업자 사이에서 그런 관행이 눈에 띨 때마다 흐뭇하더군요. 제조업에 종사하는 자본가 사이에서도 그런 입장이 확산되었으면 좋겠다는 생각이 듭니다." 아울러 그는 "토지 상속에 대한 주제가 더 중요하기도 하고 어렵기도 하죠"라면서 목돈을 상속하는 것은 못마땅해 했지만 "상업이나 제조업 혹은 이를테면 출판업 같은 업종에서 자식이 아버지의 생업을 잇는 것은 별개의 문제가 아니겠습니까?"라고 덧붙였다.

위 단락은 부와 지위 및 사업을 물려주는 것이 나의 견해와는 달리, 해악이라기보다는 바람직한 관행(즉, 사회적 병폐가 아니라 미풍양속)이라는 점을 암시한다. 그러면 자녀가 아버지의 직업을 따른다는 첫 번째 논리를 살펴보자. 어디까지나 내 생각이지만, 사업에 발을 담그지 않은 사람이라면 오늘날 기업을 경영하는 데 필요한 자질을 두루 갖춘 사람이 드물다는 사실은 거의 모를 것이다. 사업이 일단 자리를 잡으면 영원하다시피 안정되리라 여기던 시대는 갔다. 사업의 방법론도 달라져 영업권*의 중요성은 점차 하락하고 있다. 요즘 사업이 성공하는 기간은 영국 총리의 임기와도 같다고들 이야기한다. 유망주의 도전을 한도 끝도 없이 받아야 하기 때문이다. 사업가 자질이 있어 보이는 아이에게 투자한다고 그를 경영자로(성공적인 경영에 수천 명의 생계가 달려 있다) 세운다면 막중한 책임을 안기는 것과 같다. 바로 이 같은 원인에서 오늘날 기업이 참패하고 있는데, 이는 자녀에게뿐 아니라 사회에도 가당치 않은 처사다. 몇 년 전 경제 공황이 뉴욕을 휩쓸었을 때 고배를 마셨던 일곱 개 기

---

* 영업권(goodwill): 어떤 사업을 오래함으로써 생기는 무형의 이익을 말한다. 즉, 특정 지역이나 특정 업종을 오래 한 덕분에 신규 사업자보다 유리한 지위를 갖게 되는 경우를 말한다. 그 유리한 지위를 돈으로 사고팔 수 있으므로, 그것을 권리라고 표현해 영업권이라고 한다. — 편집자 주

업 중 다섯의 원인도 이와 대동소이했다. 경영권을 쥐게 된 아들 중 하나는 잘 알지도 못하는 법을 위반했다는 혐의로 처벌을 받을 위기에 처하자 이를 모면하기 위해 망명을 결정하기도 했다. 나는 대통령에게 그의 사면을 탄원하자는 재계 인사들과 뜻을 같이 한 적이 있다. 그 전까지만 해도 범법자를 위해 청원을 불사했던 적은 없었지만, 그땐 자식이 아닌 아버지에게 죄를 물어야 한다고 보았다. 대기업의 총수가 감당해야 할 의무는 자본이 없더라도 사업에 적성이 맞는 유망주에게 지분을 일부 양도하여 그를 주주나 경영진으로 세우는 것이리라. 아들이라는 이유로 그에게 경영권을 넘기는 은행가는 중죄를 범한 것과 다름없다. 실적이나 자질은 감안하지 않고 부와 지위를 무작정 안겨 준다면 대물림을 통해 적잖이 심각한 피해를 면치 못할 것이다. 일상의 의무는 타인의 복리나 재산을 거의 포함하지 않지만 사업의 경영은 결코 그렇지가 않다.

그런데 혹시라도 상속권을 존중하여 적당한 후계자에게 경영권을 넘긴다면 그것이 바람직하거나 현명한 처사는 아닐까? 나는 그렇게 생각하지 않는다. 백만장자 사업가는 사업을 최선 또는 최고의 직업이라고 생각하는 나보다 더 높게 치는데다 심지어 그것이 아들에게도 바람직한 직업이라고 생각하는 사람보다도 더 높게 생각한다. 생각이 제대로 박힌 거부의 자제라면 생계를 위해 일하지 않아도 되는 사람이 돈을 버는 일이 주된 목적인 곳에서 일하는 것은 가치가 없다고 생각할 것이다. 그런 사람은 공익이 주된 목적인 수백 가지의 일에 시간과 지식을 쏟을 테니까 말이다. 거부의 자녀 중 아버지의 사업에 집중하거나 끊임없는 관심을 갖는 데 거리가 먼 사람이 칭찬을 받아 마땅하다. 그래야 사업이 망하지 않을 테니까. 거부가 사업을 재미로 하던 시대는 갔다. 부유층 자제라면 거의 항상 그러겠지만 말이다. 타고난 계승자로 추앙받을 만한 결정적인 역량과 취향을 보인다면 예외겠으나 그런 경우는 매우 드물다. 가치를 헤아리기에는 너무도 흔치가 않다는 이야기다. 설령 역량이 있다 하더라도 그것은 아버지의 회사가 아니라 다른 회사에서 검증해야 하지 않겠는가?

또한 토지 상속을 두고는 글래드스턴의 소견이 마음에 와 닿을지도 모르겠다. 그는 "적절히만 이용하면 지주(地主)의 기업은 지역 사회의 구조를 하나로 묶을 수 있는 다양하고도 끈끈한 유대감 …… 이 같은 응집력과 상부상조 및 애정은 때가 되면 사회 전체의 끈끈한 정을 다지는 계기가 된다"고 긍정적으로 묘사했다. 하지만 그런 전망이 요즘에도 적용될까? 고인이 된 톨러마치 경이 마련했다거나, 규모는 상대적으로 작지만 글래드스턴이 직접 일군 지상낙원인 하워든 등의 몇몇 사례를 제외하면 그런 시대는 이미 지나가지 않았던가?

  농지를 경작하는 것도 지금은 자영업자가 상업적인 기초 위에 일군 사업이라 해야 옳을 것이다. 그들은 지주의 손을 떠났지만 다행히 농지를 스스로 일굴 수 있는 자립인이다. 지주이자 도매상, 임차인, 노동자의 신분을 겸한 미국 시민은 몸소 소유하고 경작하는 땅에서 자신과 식구를 부양할 것만을 얻기를 바라기 때문에, 지구촌 어디에 있는 농경지에서 나온 산출물을 가지고 한 계층 이상의 사람을 부양하기란 불가능해졌다. 이런 환경이 만든 시민의 종류를 알고, 또한 장기 임차 계약을 통해 실질적으로 독립적인 존재로 진화했던 스코틀랜드 농부의 특징을 안다면(물론 이 경우에도 매우 중요한 역할을 하는 마법의 힘인 소유권은 여전히 부족하다), 그리고 이런 계층의 사람이 시민이라고 추정한다면, 개인과 국가에 이익이 되려면 대체로 변화를 선호할 것이라고 의심치 않는다. 장자 상속제가 폐지되고 그 변화에 발맞추어 민주주의가 선포된다면 영국의 대형 부동산은 여러 농토로 나누어지고 국민이 이를 소유하게 될 것이다. 특히 이런 경우라면 덴마크의 역사가 영국의 것과 같아질지도 모르겠다. 그리고 장자에게 토지를 상속하고자 하는 유혹은 사라지며, 부의 복음을 훼방하는 커다란 걸림돌(세습 가문을 세우거나 유지하려는 헛된 욕망)도 아울러 제거될 것이다.

글래드스턴은 300여 년 전 선조가 지켰던 총리 자리를 계승한 솔즈베리 후작을 사례로 꼽으며 물었다. "혈통이 그를 명예와 공공의 미덕에 묶는 끈이 아닐까요?" 자신의 견해를 뒷받침하는 데 솔즈베리 경의 이름을 거론한 것이 실언은 아니었을까? 나는, 태어날 때부터 세습적인 부와 지위의 후광을 받지 않아 되레 성공한 사례로 솔즈베리 경을 꼽아 왔다. 솔즈베리 경도 위대한 세실 가문의 시조처럼 평민으로 태어났고(막내였다), 편협하고 옹졸한 탓에 숨이 턱 막히는 계급과 부의 옷을 벗어 던지기 위해 즉각적인 결단력을 발휘했다. 고국의 법은 그에게 귀족 신분을 강요했지만(영국 역사가 세실 1, 2세를 내세운다면 미국은 피트 1, 2세를 거론할 것이다), 진정한 위인의 명맥은 신분에 관계없이 이어지게 마련이다. "세실"부터 "후작"에 이르는 역사적 계급은 불운한 혈통에 지나지 않는다. 인간이 역사의 한 면에 쓸 수 있는 가장 높은 작위는 자신의 본명이기 때문이다. 글래드스턴도 역사에 길이 남을 것이다. 설령 그가 그의 후대에서

"클라이즈데일 공작"이라는 우월한 인물이나 그 어떤 작위를 지우려고 노력할지도, 그는 여전히 글래드스턴으로 남을 것이다. 그렇다면 대중과 더불어 사는 동시대인 중 대가(大家)가 겪는 시험대를 통과하는 사람은 누굴까? 세대별로 한 명만이 통과할 수 있을 테니 가장 중요한 측면에서 "글래드스턴"을 닮은 사람(국민으로서 세습의 굴레에서 벗어나 자신의 이름과 성품을 찬란한 두루마리에 기록한 사람)이라고 추정해도 무방할 것이다. "디즈레일리"는 한동안 명망이 높았지만 금세 "비콘스필드"라는, 본명의 그림자만 남았다. 감투가 본인보다 더 위대했다는 방증이다.

아울러 "토요 논객"으로 통하던 로버트 탤벗 세실(그냥 잊히기에는 너무도 좋은 이름이다!)은 자신이 곧 권위라는 점을 입증했다. 그럴 확률은 매우 희박하겠지만, 그가 세습적인 지위를 타고 났다면 무명의 후작으로 남을 가능성이 큰데, 솔즈베리 후작처럼 몇 대가 세습되어 숭고한 귀족사를 과시할라치면 그저 "버크 족보"에 b, m, d라는 석 자가 전부인 귀족의 전철을 밟았으리라. "그를 명예와 공공의 미덕에 묶는다"는 귀감을 끄집어 낼 수 있는 유일한 사람은 위대한 세실 가문의 시조이다. 그는 어릴 적, 부도 지위도 누린 적이 없었을 뿐 아니라, 심지어는 업계에서 잔뼈가 굵을 때까지 기사 작위에도 이르지 못했다. 세실은 그런 위인이 세운 가문이며, 글래드스턴이 지적한 대로(나는 오해라고 생각하지만) 세습적인 부와 지위가 주는 특권을 누린 적이 전혀 없었다. 물론 혈통도 중요하지만 직계 부모의 혈통보다 더 중요한 것은 없다. 각 세대의 절반은 다른 혈통에 편입되기 때문인데, 지구촌에서 지위가 높은 가문이라면 조상들의 성품은 면밀히 살펴볼 필요가 없다. 예컨대, 영국의 귀족 가문에서 태어난 자녀는 부모의 넉넉한 인심을 보고 배우며 거기에 안주할 수 있어 행복할 것이다. 솔즈베리 경도 다른 위인과 같이 우월한 자질을 어머니에게서 물려받았을지도 모른다. 그의 어머니는 시골 신사의 딸, 즉 평민으로 태어났지만 혈통의 약점 속에서도 부와 지위의 세습을 확보하였다. 그런데 또 다른 영국 민족 분파의 현재 지도자인 우리 대통령도, 글래드스턴이 솔즈베리 후작에 대해 주장하는 바와 같이, 조부가 대통령이었다는 사실은 묘한 호기심을 자극한다.* 그러나 미국 통치자라면 조부에게서 막대한 재산과 지위를 물려받았다거나 몸소 부를 축적했다 하

---

* 미국의 23대 대통령 벤저민 해리슨(1833~1901/재임 1889~1893)을 말한다. 그의 할아버지는 9대 대통령 윌리엄 헨리 해리슨(William Henry Harrison)이다. ― 편집자 주

더라도 그렇게 과분한 자리를 꿰차진 않았을 것이다. 백만 장자는 물론이거니와 거부를 대통령으로 지명할 만큼 어리석은 정당은 없다. 민주주의는 가난한 사람을 추대하니까. 그는 생계를 잇기 위해 땀 흘려 일하다가 후보가 되었을 가능성이 크다. 게다가 링컨처럼 손수 울타리를 쳐야 한다거나, 가필드가 그랬듯이 운하에서 노새를 몰고 수업료를 일부라도 내기 위해 교실을 청소하거나 아궁이에 불을 지피거나, 혹은 블레인처럼 교편을 잡아야 한다면 그러는 것이 국민의 가슴에 더 깊이 와 닿게 마련이다. 비단 대통령 선거만을 두고 하는 이야기는 아니다. 대통령 선거에 몸부림치던 후보 중 하나는 상원의 재임에 성공하지 못했다. 그가 워싱턴에 세운 주택이 공화당이 지향하는 소박한 삶과는 취향이 너무 달랐기 때문이다.

미국에서는 넉넉한 재산이나 부를 과시하는 행태가 공직자의 앞길을 가로막는 가장 심각한 걸림돌이 되고 있다. 매닝 추기경이 우려한 금권정치의 위험은 나도 설득한 적이 있지만 상상에 지나지 않는다. 미국만큼 부가 거의 중요치 않은 나라는 없기 때문이다. 요즘 추세는 정반대다. 그렇다면 공화당 소속인 대통령은 이렇다 할 부나 지위를 물려받지 않았으니 혈통의 영향력이 부족해서 명예와 공공의 미덕에는 묶일 수가 없었을까? 그가 가난한 평민이기 때문에 명예와 미덕이 시키는 일에 비교적 둔감했단 말인가? 영국에서 최고로 추앙받는 대상이 다른 국가의 것과 크게 다르지 않다는 점은 누구든 곧 깨닫게 될 것이다. 영국을 비롯한 여러 국가에서는 혈통이 명예와 공공의 미덕으로 통하지만, 정직한 가난을 물려준 혈통(고생길에, 고결하지만 곤궁한 삶을 택하고 자녀의 학업을 위해 안위를 포기한 샐러리맨 부모가 물려준 혈통)을 비롯하여 세습된 지위나 계층의 궁전이 아닌, 빈곤의 오두막에서 비롯된 혈통 또한 거의 예외 없이 그럴 가능성이 클 것이다.

글래드스턴 자신도 혈통을 물려받았다. 그렇다면 공공의 덕과 명예에 묶인 솔즈베리 경과 비교해 볼 때 글래드스턴은 덜 묶였을까? 그의 선조는 스코틀랜드 농부로서 지위가 그다지 높다거나 재산이 넉넉하지 않았지만, 글래드스턴의 이력은 가난하지만 덕을 베푼 선조의 인생에 대한 추억과 지식을 통해 강력하고도 숭고하게 영향을 받았으므로 세습 군주나 귀족의 삶에 비해 조금도 뒤처지지 않다고 본다. 또한 귀족이나 군주보다 자신의 혈통에 훨씬 더 자긍심을 느끼는 이유가 있다는 데는 일말의 의심도 없다. 세습적인 부와 지위의 계승이 아닌 "가난과 건강"이라는 유산 중에서도 그가 누린 혜택이 많이 있겠지만, 다른 조건을 모두 합친 것보다 더 중요한 무언가가 머릿속에 하나 떠오른다. 왕세손이나 백만장자 혹은 귀족의 자녀라도 이렇게 신성한 조건을 피부로 체감한 부모를 만나기란 쉽지가 않다. 아버지의 존함과 더 숭고한 어머니의 존함은 거부와 귀족의 자녀에게는 평범한 이름에 지나지 않겠지만, 가난한 아이에게는 인도자요, 영혼의 닻이자 찬사를 받기에 합당한 대상일 것이다. 그와 부모 사이에는 가정교사나 간호사나 하인이 들어갈 자리가 없다. 그는 아버지를 통해 가정교사와 친구, 상담가와 판사를 만날 수 있다. 어머니에게서 간병인과 재봉사와 교사, 귀감이 되는 본보기, 성인(聖人)을 만날 수 있는 혈통은 태생이 거부나 귀족이나 왕세자가 동일시할 수는 없다.

세습적인 부와 지위는 부모에게서 자녀를, 자녀에게서 부모를 빼앗을 가능성이 크다. 부와 지위의 폐단이 점차 피부로 와 닿을라치면 되레 소박하고 평범한 삶의 이점들이 좀 더 확연히 드러날 것이다.

이렇게 부모가 몸소 기른 가난한 아이는, 고용된 외부인이 관리 교육하고 부와 지위의 유혹에 노출된 아이에 비해 그런 이점들이 있기 때문에 인간이 활동하는 모든 분야에서 리더가 되는 것이 전혀 놀랍지가 않다. 무대에 선 그들은 경기를 앞두고 고된 훈련을 받은 선수와도 같다. 죽을 각오로 주먹을 불끈 쥔 채 불굴의 투혼을 불사른다. 이 청년은 항상 앞을 보며 나아가고 언제든 퇴보 없이 곧장 전진하며 세상을 선도한다. 그를 가리켜 시대를 창조하는 사람이라 한다. 각 분야에서 잘나가는 위인 중 상위에 선정된 서너 명을 골라 보면 인류의 발전을 끌어올리고 진보를 가능케 한 위인의 명단에 세습 지위와 부가 일조한 점이 얼마나 작은지 깨닫게 될 것이다. 어디까지나 내 생각이지만, 부와 지위는 위대하고 선한 업적에 도리어 치명적인 손상을 입히는 듯하고, 우리 인류의 가장 위대하고 선한 사람들은 필연적으로 가난이라는 학교의 울타리 안에서 자란 듯하다. 가난은 천재를 길러 낼 수 있는 유일한 학교다.

《부의 복음》에서 개인의 씀씀이가 헤퍼선 안 된다는 주문에 대해, 글래드스턴은 "호화로운 것이 용인되거나 심지어 그것이 요구되는 자리에서는 그럴 기회가 많고, 또한 소박하고 절제하는 모습이 모양새가 좋고 우아한 인상을 주는 경우도 있다"고 받아쳤다. 하지만 그런 발상은 부와 지위를 세습하려는 "유퍼스 나무*"에서 뻗은 가지로 밖에는 보이지 않는다. 자리가 반드시 호화로워야 하는 것일까? 자리의 진정한 품격이 소박함으로 더해질 수는 없는 것일까?

다음은 미국의 클리블랜드 대통령이 의회에 전달한 메시지로 이 문제와도 무관하지 않아 인용한다. "소박하고 신중한 경제 활동이 공화국 정부를 운영하는 데 가장 적합한 데다 미국인의 사명과도 부합되므로 이를 부끄럽게 여겨선 안 된다. 일정 임기 동안 공무를 관리하기 위해 선출된 공직자 또한 국민의 한 사람이므로, 공무원의 품격을 유지하면서, 동료 시민 사이에서 청렴한 삶을 돕고 근검절약과 번영을 높이는 소박한 생활양식을 권장해야 할 것이다."

클리블랜드 대통령은 이 교훈을 새기고 역대 미국 대통령 및 공직자의 전철을 밟았을 뿐이다. 미합중국에서는 판사나 주교 혹은 대통령에게 상여금이 지급되지 않을 뿐 아니라 연금도 없다(단, 판사는 70세가 되면 임금의 절반을 받고 은퇴한다).** 넉넉지 않은 임금 덕분에 그들의 씀씀이는 소박할 수

---

* 유퍼스 나무(upas-tree): 자바 지역에서 자라는 독성이 아주 강한 식물로 반경 2~3킬로미터 이내의 식생을 죽이는 나무를 가리킨다. ― 옮긴이

** 미국 대통령은 1958년 이전에는 연금이 지급되지 않았다. ― 편집자 주

밖에 없으며, 이런 관행이 국가에 미치는 영향력은 유익한 만큼 강력할 것이다. 향후 영국 국왕이 빈부를 둘러싼 문제에 관심을 기울일 뿐 아니라, 미합중국 대통령과 그의 가족처럼 연봉을 1만 파운드로 선을 긋고 품위를 유지하는 데 투자하는 수십만 파운드를 국민에게 반환하거나 공익에 활용하고 이 같은 결단에 따라 산다면 지위와 삶의 품위가 떨어질 것인가, 높아질 것인가? 그렇게 하면 그의 영향력은 떨어질까, 아니면 높아질까? 군주가 한정된 지위로 이룰 수 있는 공로야말로 거만과는 거리가 먼 한적한 삶의 모델이라고 생각해야 타당하지 않겠는가? 남는 것은 자신이 아니라 국민을 위해 쓸 테니 말이다. 그렇게 하려고 할 때 나올 수 있는 반대는, "왕"이란 그저 내각의 의지를 뜻하는 단어로 존재해야 하는 입헌군주제와는 걸맞지 않게 그를 막강한 저명인사로 만들 수 있다는 것이 유일할 것이다. 그렇게 행동할 수 있는 사람은 허울뿐인 "왕"이 아니라 국가의 실세권자가 될 것이다.

얼마 전, 존 몰리 의원이 뉴캐슬 소재 회의석상에서 국가의 품위와 지출에 대해 주민의 질문을 받을 때, 그는 지위가 높은 사람도 소박한 삶에서 비롯되는 진정한 존엄성을 배우리라는 희망을 내비쳤다. 발언을 직접 인용하는 대신 의미를 밝히자면 그렇다는 이야기다. 글래드스턴은 국민을 사랑하고 감사하고 존중하는 까닭에 훗날 많은 수식어를 남길 것이다. 훗날 그를 칭송하는 사람은(진심으로 말할 수 있을 것이다), 피트가 길드 홀에서 그를 추모하면서 했던 말로 그에게 최고의 찬사를 보낼 것이다. "수년 동안 그의 군주의 호의를 베풀면서 허세 부리지 않고 살다가 가난하게 죽었노라." 지체 놓은 사람들이 검소하게 사는 것을 선호한다고 글래드스턴이 전파하지 않았더라면, 우리는 그 미덕의 실천에서 그를 능가한 사람이 없었다는 사실에 만족했을 것이다. 현인의 가르침을 뛰어넘는 사례를 극찬할 일은 거의 없으니까.

이 주제에 대해 글을 남긴 휴즈가 고마웠던 적이 있다. 그는 "좀 더 현실적인 물음은 '얼마를 나누어주어야 하느냐?'가 아니라 '얼마를 가져야 만족하겠는가?'라야 옳다"라고 했다. 부와 명예를 손에 쥔 사람에게는 촌철살인의 위력을 지닌 말이다. "도대체 얼마를 가져야 만족하겠는가?" 이것은 "기분을 침울하게" 하진 않지만 왠지 민감한 물음이다. 십분의 일(십일조)을 베푸는 것은 쉽다. 부의 복음을 전파하는 진정한 사도라면 이 단계는 훌쩍 뛰어넘어야 한다. 사도의 양심은 자신뿐 아니라 가족도 세상이 주는 최고의 것을 분수에 맞게 누릴 자격이 있다는 주장에 평온해질 것이다. 성실한 사도는 빚을 써서라도 운영하는 것의 효용을 쉽게 발견할 것이다. 이를 테면 이렇다. 그는 예상되는 잉여를 기대하면서 현금이 손에 들어오기 전일지라도 공익을 위해 일하며, 가용할 수 있는 잉여가 없을 때까지 계속하며, 심지어 어떻게 채무를 이행할지까지도 머릿속에 두어야만 할 것이다. 그런 형편에 처한다면 그는 자신의 가난을 인정하며 빈곤을 체감할 것이다. 이 규칙을 따르면 아무리 거부라도 씀씀이는 얼마 되지 않을 것이다. 그러면 그런 사치들이 다른 사람의 눈에 띄지 않을 것이며, 또한 다른 사람에게 쓰이고 있는 그들의 재산의 훨씬 많은 부분을 생각하며 스스로에 대한 질문에서 피할 곳을 찾게 될 것이다. 이것이 전적으로 만족스럽다고 생각하지는 않는다. 다만 "도대체 얼마를 가져야 만족하겠는가?"라는 휴즈의 진지한 질문에 대한 이 부분적인 처방을 그가 아주 낮게 평가한다는 점에 서로 의견을 같이해 기쁘다.

자선이라는 주제에 대해 글래드스턴은 소위 자선 기부에 쏟아붓는 1,000달러 중 950달러는 바다에 던져 버리는 편이 차라리 낫다고 밝힌 나의 판단이 너무 지나치다고 생각했다. 뉴욕에 설립된 자선조직협회의 역사를 돌이켜 보면 내 소신이 사실 무근은 아니라는 점을 알 수 있을 것이다. 협회가 매달 비공개로 발표하는 최근 보고서에는 23개의 졸속 기관이 등록되어 있고, 그들이 기부를 종용하면 별 무리 없이 자선기금을 타낼 수 있다고 한다. 해당 기관이 작성한 연례 보고서에는 저명한 기부자도 있다는데 대개는 실명이 공개된 바 있다(수금원을 비롯한 관련 데이터도 확인할 수 있다)! 자선 단체의 자료를 모아 수령자 명단을 비교해 보니 동일인이 일곱이나 여덟 군데에 모두 기록된 것으로 나타났다. 지면에 여유가 있다면 부자에게 경각심을 일깨워 줄 이야기를 들려주고 싶은 심정이다. 이를테면, 부유층의 피를 끓게 하는 "피폐한 삶과 가난이라는 지옥"의 영역을 자선이 확대시키지 않을 때까지는 지갑을 여는 것보다 닫기로 결심해야 한다고 말이다. 최근 코네티컷의 소도시는 자선의 실체를 파악해 왔다. 다음은 어느 일간지에서 발췌한 내용이다. "기금을 챙겨 넉넉해진 걸인을 배출한 하트퍼드의 사례가 코네티컷에 있는 거의 모든 도시에 확산될지도 모르겠다. 1~2년 전, 노리치 당국자가 기초 수급자 현황을 조사한 바에 따르면, 신청자들은 500에서 3,000달러를 저축은행에 예치해 둔 것으로 밝혀졌고, 특히 한 여성은 20,000달러를 은행에 저축해 두었다고 한다."

굳이 보조를 받지 않아도 되지만 어쨌든, 저축하는 사람들에게 지급된 돈인 만큼 이를 악용하여 심각한 결과를 초래하진 않을 테니 그리 비통한 사실은 아닐 것이다. 수급자의 이름과 가족의 형편, 혹은 그렇게 된 원인에 대한 정보가 없다거나, 자선이 자립을 도울 수 있는지 알 수 없다면 기부자는 그들을 제대로 도와줄 수가 없다. 단지 동정심 때문에 기부한다면(불쌍한 사람을 보면 그냥 지나치지 못하는 사람도 있다) 고통을 잠재우기는커녕 되레 키우는 꼴이 될 테니까. 수급자가 자립할 수 있도록 돕는다거나 가난에서 벗어날 수 있는 수단을 손에 쥐여 줄 수 없는 자선은 진정한 자선이 아니다.

요즘은 수급자로 전락한 사람의 딱한 사정만을 중시하는 풍토가 확산되고 있다. 때문에 개선에 필요한 조치는 이루어질 수가 없는 것이다. 우리는 인류애를 빌미로 부족한 물자를 억지로라도 공급해 왔다(인간이라면 누구나 산 입에 거미줄을 친 채 세상을 떠나서는 안 되며, 안락한 주거지와 의식주 및 교육을 제공해야 한다는 자신만의 원칙을 내세우지만 이는 스스로 이루어야 하는 권리라야 마땅한 것이다). 행여 그러더라도 사회적 '나병 환자'는 그들 중에서 제거해 국가의 보호를 받는 구빈원

*으로 보냄으로써 정신이 온전하고 부지런하며 노동을 통해 성공을 이루려는 사람에게 돌아가야 할 결실을 곱씹어 봐야 할 것이다. 넉넉한 사람들이 베푸는 자선기금으로 생활하는 주정뱅이나 게으름뱅이는 이웃에 도덕적 해이를 부추기는 원인이 된다. 근면하고 부지런한 사람에게는 필요한 물자를 좀 더 쉽게 얻을 수 있는 경로를 굳이 가르쳐 줄 필요는 없다. 개혁가는 절제와 근면과 청렴을 속절없이 잃어버린 이웃에 영향을 줄 수 있는 혁신뿐 아니라, 건전하고 인간다운 이웃을 보호하는 방편을 두고도 고민하게 마련이다. 그는 포도송이에서는 썩은 포도알을, 사과 상자에서는 썩은 사과를 제거해야 한다는 일념 하에 괜찮은 과일을 위해서라도 완치보다는 예방에 주력할 것이다. 사회에 확산된 종양에 과감히 메스를 들이대려는 사람이 바람직한 결과를 기대하려면 단호한 명령과 신중한 판단력을 겸비한 베테랑 의사가 되어야 한다. 그리고 가급적이면 기분에 휘둘리지 않고 쉽게 흥분하지 않는 사람이라야 좋겠다.

별 생각 없이 좋은 뜻에서(틀림없다) 비둘기 같은 순수한

---

* 구빈원(workhouse): 17~19세기에 설립된 사회 복지 시설로 빈민, 노약자, 고아, 정신병자 등을 수용했다. — 편집자 주

마음으로 돕겠다는 제안은 도처에서 쉽게 보고 들을 수 있다. 그러나 여기에는 뱀 같은 지혜**가 필요한 실무를 찾아볼 수가 없었다. 감정에 치우친 계획에는 그런 지혜가 심히 부족하게 마련인데, 이를 두고는 랍비 아들러가 정곡을 제대로 찔렀다. "자선은 쉬운 일이다. 특별한 교육이나 꾸준한 고민이 필요하지 않으니까. 하지만 자선의 목적과 방법은 경험이라는 학교에서 혼자만 터득할 수 있는 원리이기 때문에 오랜 기간의 지긋한 견습이 없이는 터득할 수가 없는 것이다."

미안한 이야기지만, 이 주제에 관심을 기울이며 진상을 파헤칠수록 무분별한 기부가 낳은 병폐가 심각하다는 사실에 시름만 커질 뿐이다.

글래드스턴이 《부의 복음》을 읽고 털어놓은 논평은 심각하다 못해 거의 돌이킬 수 없는 지경에까지 이른 것 같다. 부, 지위, 사업의 세습이 해가 되지 않고 상속자나 국가에 이롭다면, 그리고 지위가 소박은커녕 화려함을 요구한다면, 잉여자산은 공익을 위해 생전에 관리해야 할 신성한 신탁

** 마태복음 10장 16절을 인용, "너희는 뱀 같이 지혜롭고 비둘기 같이 순결하라." — 옮긴이

자산으로 간주해야 한다는 점을 거부에게 일깨워 주기가 불가능하지는 않을지라도 아주 어려워지기 때문이다. 그들은 종전과 같이 계속해서 재산을 모아 상속하거나, 화려하게 사는 데 써버릴 것이다. 때문에 나는 다른 기고자의 견해에 동감한다.

아래는 매닝 추기경의 글에서 발췌한 것이다.

"카네기 씨가 들려준 지론은 명확하다. 첫째, 모은 재산을 상속하는 것은 물려주는 사람에게는 헛일이요, 받는 사람에게는 파멸을 의미할지도 모른다는 것과, 둘째, 세상을 떠난 뒤 재산을 자선 단체에 환원하는 것은 후원자의 이름을 남기는 공허한 방편이며, 셋째, 죽기 전 일가친척과 그들의 복리를 위해 남긴 것 외의 재산을 공공과 민간 부문의 자선과 공익사업에 쓸 수 있도록 기증하는 것이야말로 재산을 쓰는 가장 숭고하고도 고귀한 방도라는 것이다. 자본이 아니라 기독교 세계를 창시한 분의 삶과 사상에 일치하는 복음이 이를 두고 하는 말은 아닐까 싶다. 부의 복음은 어제 오늘의 이야기가 아니며, 근검절약에 한이 맺힌 과도한 개념이나 사적인 의견으로 치부할 것이 아니라 진담이자 진리로 수용해야 할 것이다. 이 같은 복음을 준행한다면 세상은 달라질 것이다."

그렇다면 휴즈의 소견은 어떨까?

"법적으로 문제가 되지 않는 기존의 이해관계를 적절히 염두에 두며 기독교에 기초를 둔 사회를 재건할 때 카네기 씨가 대변하는 이상형이 실천할 수 있는 최고의 공익 서비스는 그의 전례를 따라 자산을 가급적 빨리 처분하는 것이다. 카네기 씨가 주창한 복음은 사회적 이교도에서 기독교로 이행하는 과도기에 출현했다. 어떤 이가 막대한 재산을 손에 넣는 '불행'을 당하게 된다면 카네기 식 분배 원칙을 따르는 것 외에 더 나은 방법은 없으리라."

핵심이 되는 논지를 좀 더 거론해 보면 혹시라도 글래드스턴이 나와 같은 의견에 더욱더 가까워지지 않을까 싶은 기대감이 든다. 서로의 글을 보면 상속과 세습으로 전수된 부와 지위를 지지하거나, 지체가 높다는 이유로 품위를 지켜야 한다는 내용은 어디에서도 찾을 수 없으나, 견해는 판이하게 다른 방향으로 흐르는 듯하다.

다행히 글래드스턴은 나의 견해에 전적으로 동감하며 "재산을 증식하려다 보면 경쟁자가 생기게 마련인데, 너무들 막강해서 상대가 되질 않는다. 사업 세계가 다 그런 것이 아닌가!"라고 이야기했다. 《부의 복음》으로 축적의 법칙은 자연스레 작용할 것이다. 부의 복음은 이러한 환경을 거스를 수 없다는 점을 인정하기 때문에 과거뿐 아니라 앞으로도 쌓을 자산을 더 나은 채널로 유도함으로써 이를 선용하려는 것이다(어차피 재산 증식은 막을 수가 없으니까). 이 점을 두고 글래드스턴과 나의 생각은 같지만 안타깝게도 휴즈는 대립된 입장을 역설했다. "설령 '너희를 위하여 보물을 땅에 쌓아 두지 마라(마태복음 6장 19절)'는 구절이 재산 증식을 금하라는 뜻이 아니라 해도 신약성경은 탈레랑*의 원칙에 부합하므로 본문은 '진의를 감추려는' 의도로 봐야 한다."

휴즈도 이야기했지만 "주석가는 무슨 구절이든 입증할 수 있고 신학자 또한 어떻게든 이를 풀이할 수 있다"는 말

---

* 탈레랑(Talleyrand): 프랑스의 정치가, 외교가. 파리에서 태어나 신학교와 소르본 대학교에서 수학한 뒤 생 데니스의 사제를 거쳐 오툉의 사제가 되었다. 교회 재산의 국유화를 제안했다가 파문을 당했다(1789). — 옮긴이

도 일리는 있다. 예컨대, 방금 전 인용한 구절(휴즈만 인용했다)을 부자에게 적용한다고 치자. 보물은 항상 안전한 금융 기업, 즉 "좀이 먹고 녹이 슬어서 망가지며, 도둑들이 뚫고 들어와서 훔쳐가지 못하는 곳"에 예치하라는 것으로 해석하면 구절을 엄격히 지키는 것이다. 아울러 휴즈는 그리스도가 행실을 칭찬한 포도원 주인에 대한 비유도 인용했다. 어째서 그가 포도원 주인인가? 그가 죄를 범하고, 품꾼에게 삯을 주기 위해 "부를 축적"할 수 있었던가? 이때 "그리스도는 부를 축적하려는 행태를 분명히 금하셨다"는 것이 그의 답변이었다. 하지만 그리스도가 말씀하실 당시 선발된 제자의 수입(열두 사도가 수입을 쪼갰더라도) 또한 "부나 재산"에 해당되었을 것이다. 그러니 각각의 구절을 글자 그대로 해석하면 문명을 파괴해야 할 근거도 찾을 수 있지 않을까 싶다. 더욱이 예수 그리스도가 다섯 단어로 이야기한 구절 "내일 일을 염려하지 마라(마태복음 6장 34절)" 또한 곧이곧대로 따르면 짐승과 인간을 구별하는 모든 것이 단숨에 없어질지도 모를 일이다.** 따라서 기독교 세력이 속세의 사업(재산 축적)에 대비하지 못한 이유가 바로 그 때문이라는 주장

** 영어 성경은 "Take no thought for tomorrow"이다. — 옮긴이

도 일리가 있다. 하지만 달란트 비유의 방향은 180도 다르다. 주인은 자본을 모아 두 배로 늘린 종에게 "잘하였도다! 착하고 충성된 종아! 네가 적은 일에 충성하였으매 내가 많은 것을 네게 맡기리니 네 주인의 즐거움에 참여할지어다(마태복음 25장 21절)"라고 말하지 않았던가!

달란트를 늘리지 않고 "묻어 두기"만 한 종은 책망을 받았다. 전 세계에서 고용을 창출하고 자원을 개발하는 기업에서 자본을 적극 활용한 백만장자를 떠올려 보라. 선박과 광산과 공장을 경영하는 그는, 자본이 기적을 낳는 수단이 되는 까닭에 자본 공급을 중단할 수가 없고, 성장과 개발을 중단하면 무슨 업종이든 기업의 쇠락이 시작되기 때문에 운영을 제한할 수도 없을 것이다. 더 새롭고 좋은 재화에 대한 수요는 전 세계 어디든 지속되게 마련이므로 거래처를 잃지 않으려면 기존 업체는 끊임없이 재화를 공급해야 할 것이다. 휴즈가 그 본문은 그와 관련된 것이 아니라, 실현된 자본을 쌓아 두고서 원금에 이자를 더하는 사람, 부의 복음이 주문하는 바와는 달리 생전에 공익을 위해 재산을 진작 썼어야 했으나 그러질 않고 "묻어 둔" 채 세상을 떠나는 사람을 가리키는 구절이라는 믿음을 뒷받침할 좋은 해석의 근거라는 것을 깨달았으면 좋겠다.

나의 조언에 부합하는 행동은 수입을 늘리려는 백만장자의 의무이기도 하다. 더 많은 것을 얻고자 안간힘을 쓰더라도 그것이 이기적이거나 야심에 찬 오명이 아니라 숭고한 노력이 될 테니 말이다. 개인을 위해서가 아니라 이웃을 위해 일하고, 돈을 그러모으는 것이 아니라 쓰기 위해 일하니, 많은 것을 거둘수록 국민에게 더 많은 보탬이 된다는 이야기다. 그때부터 남은 생이 부의 복음을 전파하는 사도의 삶으로 바뀐 그는 공익을 위한 자산 활용법을 터득하기 위해 노력할 것이다. 이때 수고의 일상은 선행의 일상이 된다. 그래도 이 같은 노다지가 열리는 나무가 파괴되거나 해를 입거나 혹은 처분을 당할 일은 없으며, 선을 베푸는 데 활용될 수단이 되는 자본을 관리한다는 점에서 인생이나 노년의 품격이 떨어지지도 않을 것이다. 그는 자본이 남은 건실한 기업을 남기고 세상을 떠난다는 점 외에도 빈손으로 죽어 물려줄 재산도 없을 테니, 단언컨대 그라면 "달란트를 땅에 묻어 둔" 부류에 속한다고 볼 수는 없을 것이다.

이 같은 맥락에서 나는 존경하는 나의 동료에게 그의 교회 설립자가 했던 설교를 추천한다《돈의 사용》미국판, 제1권

44페이지, 설교 50).*

정직하고 근면한 노동을 통해 최대한 많이 벌라. 최대한 부지런히 일하라. 시간을 낭비해서는 안 된다. 하나님께서 주신 지식을 총동원하되 상식에 어긋나지 않은 한도 내에서 최대한 많이 벌라. 그러는 사람이 거의 없다는 것이 정말 놀라운 사실이다. 선조가 남긴 아둔한 길을 똑같이 달려 왔다는 점도 그러하다.

정직한 지혜와 지칠 줄 모르는 근면함으로 최대한 많이 벌었다면 기독교인이 실천해야 할 두 번째 규칙은 "최대한 많이 저축하라"는 것이다. 재물을 허탄한 곳에 낭비해서는 안 된다(자존심을 충족시키는 등). 하나님이 선물로 당신 손에 맡기신 재물을 선용하는 충직하고 선한 청지기가 되고 싶다면 우선 본인이 필요한 의식주부터 해결하라.

그러고 나면 아내와 자녀, 하인 등, 식솔을 부양하라. 그래도 재물이 남으면 믿음의 가정에 선을 베풀고 그래도 넉넉하면 국민 모두에게 은혜를 베풀라.

---

* 아래와 같이 말한 사람은 감리교의 창시자 존 웨슬리이다. ― 편집자 주

부의 복음이 이 설교에 근거를 둔 듯싶기도 하다. 사실, 이 주제에 대한 글이 있었다는 사실을 알았다면 나는 분명 이를 인용했을 것이다. 그러면 웨슬리의 수제자가 카네기를 가리켜(물론 부유층을 대표하는 한 사람으로) "반기독교 주동자"요, "사회의 애물단지"이자 "정치적 위험인물"이라거나 "기독교 국가(기독교의 토대에 세워진 국가)에서 거부는 경제적인 면에서도 가당치가 않은 존재"라 치부하더라도 주눅이 들진 않을 것이다. 이에 대해 백만장자 계층이 방어할 필요는 없다. 휴즈는 현재 요구되는 대규모 산업이 자리를 잡는 데 필요한 수단을 몇몇 주식회사가 제공하기 때문에 방어해 봐야 소용이 없다고 생각하지만 말이다. 영국에 패권을 안겨준 사업이 거의 혹은 전부 예외 없이 거부를 창출했다는 점은 매우 중요한 사실이다. 이를테면, 커나드를 비롯하여 이스메이, 앨런, 엘더, 베세머, 로스차일드, 베어링, 클라크, 코츠, 크로슬리, 브라운, 지멘스, 캐멀, 길로트, 휘트워스, 암스트롱, 리스터, 솔트, 베어드, 새뮤얼슨, 하워드, 벨 등이다. 앞서 열거한 사람들이 회사를 설립한 뒤, 주식회사가 그들이 했던 것처럼 사업을 적절하게 운영했는지는 아직 입증된 바가 없다. 주식회사가 성공한 사례를 보면 극소수의 개인(대개는 일인이었다)이 경영권을 쥐고 있었다는 점은 자명한 사실이다. 주식회사는 진취성이나 독창성으로 인정받기 어렵다. 사업에 거부가 빠진다면 견제가 심해 향후 발전에 걸림돌이 될 것이다. 파트너십(최소 2~3명)은 어떤 사업 분야에서도 투자된 자본 대비 이익을 극대화하는 반면, 다수가 소액의 지분으로 소유한 주식회사는 빚을 청산하기가 어려워 문을 닫을 가능성이 크다. 사업가라면 내가 이처럼 강력히 주장하는 소견에 대개는 수긍할 것이다. 주식회사의 사례라면 몇몇은 철도 사업을 떠올릴 터, 여기에도 같은 규칙이 적용된다. 미국은 세계적인 철로 중 다수를 보유하고 있는데, 소수의 유능한 사업가가 한 선로를 운영하면 전에는 구경도 할 수 없던 배당금이 꼬박꼬박 들어온다는 사실이 확인된 바 있다. 예컨대, 영국 철도는 독점 사업으로, 미국과 비슷한 서비스를 실시하면서도 승차권이 두서 배나 높게 책정되었지만 주주에게는 소액인 배당금도 겨우 지급되었다고 한다. 철도가 한두 명의 자산이고, 그 한두 명이 직접 경영했다면 이야기는 달라졌을 것이다.

개인이 주식회사로 '승격'하는 것은 하원에서 상원으로 승격하는 것과 정확히 일치한다. 사업을 창출한 소수 오너의 밀어붙이기와 능수능란함은 승진한 샐러리맨 임원의 일상 의무에 대한 규제 실적과 제한된 권한으로 대체된다. 기업과 개인의 경력은 화려하지만 속빈강정에 불과하다. 더는 가망이 없는 데다 대단한 실적 또한 기대할 수 없다. 영국의 상업과 제조업의 패권이 주식회사에 좌우된다면 국가의 미래는 암울해질 것이다. 이 패권을 창출한 주인공은 다름 아닌 거부이며 패권의 유지 여부는 그들에게 달려 있다고 봐야 한다. 수천 명을 꾸준히 고용하되 임금도 다른 곳보다 적지 않은 기업은 실적에 수치를 느낄 필요가 없다. 지속적인 고용이야말로 국민의 복리와 발전에 필수적인 조건이니까. 하지만 기독교 원리를 따르는 국가에서는 거부가 나올 수 없다는 휴즈의 주장을 두고는 반론을 제기할 마음이 추호도 없다. 물론 따지고 보면, 그가 옳을 수도 있지만 거부는 퇴장을 두려워하지 않아도 된다. 휴즈와 같은 성직자도 언젠가는 무용지물이 될 것이 분명하기 때문이다. 따라서 목회자와 백만장자는 각자가 보유한 달란트를 활용할 방편과, 일용할 양식을 명예롭게 먹을 수 있는 일을 찾아야 할 것이다. 물론 둘 모두가 승승장구하진 않을 것 같다. 나와 휴즈의 후계자들은 서로 팔짱을 끼고, 일은 적지만 임금은 많은 업종을 찾아다닐 것이다.

  기존의 환경이 완전히 달라진 인류의 미래는 짐작하지 않는 편이 현명할 것 같다. 천 년이나 백만 년 후에 무엇이

나타나든 우리는 그것과 아무 관계가 없다. 우리 중 누구도 무엇이 일어날지 알 수 없다. 결국 인간이 감당해야 할 의무는 현재(오늘날과 우리 세대)에 있지만 그 또한 머리로 분별하기가 쉽지 않다. 아래 시구를 보면 알겠지만, 차근차근 사다리를 타고 오르느라 애쓰는 사람은 각 발판에 발을 올리기 전부터 이를 만들어 내고 말 것이다.

자연은 아무런 수단도 없이 발전하나
사실 그 수단은 자연이 만든 것이다.

인간이 공간을 넘어 이상세계로 도약할라치면 오르기는 커녕 더 낮은 심연으로 곤두박질할 것이다. 그런 까닭에 이를 상상하는 것조차 시간낭비라고 생각할 수밖에 없다. 그 시간은 위로 한 발짝이라도 올라가려고 마음먹었다면 꼭 필요한 귀중한 시간이다. 이런 입장에서 볼 때 글래드스턴의 주장은 최고의 귀감이 된다. 그는 현재의 환경을 감안했을 뿐 아니라 이를 토대로 의견을 개진했다(작금의 환경에 의견을 맞췄다고나 할까). 글래드스턴은 오랜 기간 공직에 있으면서 사람들의 다양한 욕구에 주안점을 두고 실제적인 결과를 맺으려는 공통의 목적에 따라 사람들을 분류했다. 일단 극단적인 행동은 제지하고, 공통의 행동을 전위(前衛), 중간(中間), 후위(後衛)로 묶었다. 아울러 그는 형편이 넉넉지 못한 이웃에 대한 의무를 깨달은 사람이라면 서로 유대감이 조성되어야 한다는 건설적인 아이디어를 제시하기도 했다. 사회는 매우 방대하기 때문에 이를 수용할 것이며, 각자가 이웃을 돕는 데 쓰기로 결심한 액수에 제한을 두거나 이에 개입하는 일은 분명 없을 것이다. 우리는 지구촌에 동류의 사람들이 모인 사회가 조성되기를 기대할 수 있다. 그리하여 대표단이 자주는 아니더라도 지구촌 형제로서 정을 나누고, 환경을 개선하며 빈부의 격차를 좁힐 수 있도록 서로가 노력하고 마음을 다지기를 기대할 수 있다. "얼마를 나누어주어야 하느냐가 아니라 얼마를 가져야 만족하겠는가?"라고 묻는 사람은 전위에 해당되는 행동을 대변하는 반면, 여전히 부와 지위를 세습하고 화려한 지위를 유지해야 한다고 주장하는 사람은 많은 단계를 지나 또 다른 강력한 '군대'의 큰 무리를 이룰 것이다. 어떤 입장이든 필요하지 않다고 치부할 수는 없을 테니 환영을 받을 거라 생각한다. 단지 지구촌 형제들이 잉여자산을 관리하는 사람으로서 양심에 따라 자신의 필요를 결정하고, 진정한 발전을 증진시키기 위해 최선을 다한다는 심정으로, 형편이 어려운 이웃을 위해 자산의 일부나 전부를 정기적으로 떼어두어야 한다고 결의한다면 그것으로 충분하지 않을까 싶다. 글래드스턴의 주장이 마땅한 호응을 얻는다면 그는 정치에서 동떨어진 영역(투쟁이나 시샘, 사적인 이득이나 야심이 없으며, 명분이 숭고하고 신성하기 때문에 주변 환경은 평화와 선의와 가족애로 넘치는 곳)에서도 자신이 누려 온 삶의 효용을 끌어올릴 수 있으리라 확신한다!

좀 더 나은 세상을 물려주고 싶어 안달하는 정직하고 선한 사람이라면 글래드스턴이 영감을 주는 새로운 사역(너무 위대해서 서두를 수 없고, 너무 숭고해서 필적할 만한 대상을 찾을 수 없는)에서 성공할 수 있도록 복을 빌어 줄 것이다.

* 〈19세기〉 1891년 3월호에서 발췌.

8장
다리 셋이 받치는 의자
| 세계의 노동 계획 |

 사업이 계획되면 산업계에서는 3자의 파트너십이 이루어진다. 이 중에서 첫째, 즉 중요성이 아닌 시간 면에서 우선순위는 자본이다. 자본이 없으면 막대한 비용이 소요되는 대상은 그림의 떡에 불과하기 때문이다. 애당초 활성화되지 않은 것도 자금이 동원되면 생명의 숨통이 트이는 법이다.
 구조가 모양새와 구색을 갖추고 각 분야의 산업 활동에 투입될 준비가 되었다면 둘째 파트너가 가동될 것이다. 두 번째 파트너란 사업의 능력을 두고 하는 말이다. 자본은 이미 제 소임을 다했다. 생산에 필요한 방편은 모두 제공했으니까. 하지만 유능한 사업가를 확보하지 못해 경영에 실패

한다면 자본이 공을 들인 탑은 와르르 무너지고 말 것이다.

시간 면에서는 마지막이지만 그렇다고 대수롭게 여겨선 안 되는 세 번째 파트너는 노동이다. 노동이 제 역할을 감당하지 못해도 이룰 수 있는 것은 전혀 없다. 노동이 가동되지 않으면 사업 수완과 자본은 죽은 것이나 다름없다. 노동이라는 손이 시동을 걸지 않으면 바퀴는 움직일 수 없다는 것이다.

세 파트너 가운데 어떤 것이 첫째로 중요한지, 둘째와 셋째 가는 파트너는 무엇인지 규정하는 책을 쓰라면 수십 권은 쓸 수 있지 않을까 싶다. 전에도 그랬듯이, 이 주제는 앞으로도 적잖이 화두가 될 것이다. 정치경제학자를 비롯하여, 사색을 즐기는 철학자와 목회자는 수백 년간 이에 대해 자신의 소견을 역설해 왔지만 이렇다 할 정답을 내놓진 못했다. 물론 시간이 정답을 제시할 리는 없다. 셋이 모두 중요한 데다, 각자는 다른 둘에 대해 없어서는 안 될 존재이기 때문이다. 그러니 첫째나 둘째 혹은 셋째라는 식으로 서열을 매길 수는 없다. 무엇이 더 우선이라고 규정할 수는 없다! 세 파트너는 위대한 3자연합의 동등한 일원으로서 산업계를 움직이고 있다. 역사를 돌이켜 볼 때, 사실 노동은 자본과 사업 수완이 있기 전부터 존재했다. "아담이 땅을 파고 하와는 옷을 짰다"라고 했으니 아담은 자본이 없었다. 창세기에서 아담에 얽힌 후일담을 토대로 유추해 보건대, 두 사람 중에서 사업 수완을 복으로 받은 사람은 없었다. 이때는 산업주의가 세계를 지배하고 막대한 자본 투자가 필요한 시기가 아니었다.

오늘날, 자본과 사업 수완, 육체노동은 의자를 받치는 세 다리와도 같다. 세 다리가 듬직하고도 굳게 버티고 있으면 의자는 반듯이 서겠지만, 셋 중 어느 하나라도 약골이 되어 부러진다거나, 잡아당기거나 타격을 받아 빠진다면 의자는 주저앉고 말 것이다. 그리고 세 번째 다리가 보수되지 않는다면 의자는 무용지물에 불과하다.

자본이 다른 두 다리보다 더 중요하다고 생각하는 자본가의 견해는 그릇된 것이다. 둘의 도움이 자본가에게는 절대적이겠지만, 둘 또는 둘 중 하나만 없어도 그는 쓰러지기 마련이다.

사업 수완을 표상하는 다리가 가장 중요하다고 생각하면 그 역시 오산이다. 자본과 노동이라는 다리가 없다면 사업 수완은 아무런 소용이 없다.

끝으로, 노동 또한 다른 둘보다 더 중요하다고 자부하면 곤란한데, 그러는 경우가 비일비재하다. 과거에 이 같은 착

각 때문에 애석한 잘못이 벌어지기도 했다.

세 다리는 웅대한 전체를 이루는 동등한 파트너로, 모이면 기적을 이루어 내지만 분리되면 그중 아무것도 중요하지 않다. 그리하여, 종종 불행하게도 서로의 차이가 그들을 찢어발기긴 해도, 그들은 세기 말을 이전의 모든 시기보다 훨씬 더 유익한 때로 만들었다. 전 세계에 걸쳐 인류는 물질과 도덕에서 과거보다 더 나아졌다. 그렇기에 인류는 가장 낙관적인 사람이 꿈꿔 온 것보다 훨씬 더 숭고하고 높은 수준에 이르리라고 굳게 믿는다.

자본, 사업 수완, 노동은 하나가 되어야 한다. 분열의 씨앗을 심으려는 사람이 있다면 그야말로 이 셋의 적이 될 것이다.

* 1900년 〈뉴욕 저널〉에서 발췌.
* 카네기가 직원들에게 기증한 라이브러리 홀과 워킹멘즈 클럽의 개관식에서 홈스테드 직원들을 대상으로 맨 처음 했던 연설의 일부이다.

9장
노동 문제에 대한 고용주의 시각

노동자는 지난 300년간 처음에는 권위에 그 다음에는 자본가에 맞서 투쟁을 벌였고 지금까지 승전가를 울려 왔다. 즉, 승리에 승리를 거듭했다는 것이다. 셰익스피어 시대로 거슬러 올라가더라도 영국에는 농노(農奴)나 농노제가 존재했고, 그 전에도 노동과 노동자가 주인에 귀속되어 있었다. 노동자는 대개 노예나 농노였으며 남녀 할 것 없이 몸소 일하던 농지와 함께 팔리면 새로운 지주의 자산이 되었다. 땅에서 기르던 나무와 다를 바 없었다. 그때는 파업도 노동조합도 없었고, 고용주와 피고용인 사이의 분쟁도 찾아볼 수 없었다. 이는 지주나 고용주의 존중을 받을 권리가 전혀 없었기 때문인데, 금세기 초에도 어떤 분야에 종사하는 노동자의 지위는 거의 인정되지 않았다. 1779년에 이르기까지 영국인 광부 또한 신분이 농노였다는 점은 노동자라면 잊지 않고 있을 것이다. 그들은 "주인이 철수를 허락하기 전에는 노동 현장을 무단으로 이탈할 수 없었고 법률에 의거하여 노동에 투자된 자본의 일환으로 매매되기도 했다"고 한다. 행여 다른 곳에 고용되면 주인이 언제든 그를 데려올 수 있었으며, 마치 노동력을 강탈하려 했다는 이유로 도둑을 처벌하듯 태형을 가하기도 했다. 이 같은 법은 1779년에 수정되었으나 1797년과 1799년 당시 특별법이 통과된 뒤에야 비로소 완전히 폐지되었다(《영국 노동조합》 119페이지). 불과 97년 전의 일이다. 그때를 겪은 산 증인이 요즘도 더러 있다. 한편, 모든 프랑스 노동자는 1806년까지도 일을 하려면 면허를 취득해야 했고, 러시아는 최근까지도 농노가 경작하던 토지와 함께 매각되는 사례가 비일비재했다.

이 같은 변혁, 아니 혁명을 상상해 보라! 미국이든 영국이든, 혹은 문명세계 어디든, 곡괭이와 삽을 들어야 할 빈곤한 노동자가 그의 노동력을 매입한 자와 어깨를 나란히 하게 되었다. 그는 자신의 형편에 맞게 노동력을 팔 수도 있고 그러지 않을 수도 있는, 이를테면 협상권을 쥐었으므로 독립 도급업자의 격을 갖추게 된 셈이다. 계약한 만큼 노동력을 제공하고 나면 그만일 뿐, 고용주에 대한 의무나 빚이 남아 있지 않기 때문이다. 따라서 노동자는 정치적, 개인적 자유를 정복한 동시에, 법이 허용할 수 있는 가장 큰 경제적 자유를 성취했다고 봐도 과언은 아닐 것이다. 주인과 대면하여 법 아래서의 평등을 선포했다고나 할까.

그러나 명백한 사실은 이 같은 혁명이 완성되었음에도 노동자와 자본가의 영속적인 상관관계는 여태 발전하지 않았다는 것이다. 현재는 서로 간에 마찰이 일어나야 조정이 이루진다. 변화는 산업 평화가 이루어지기 전에 만들어져야 한다. 오늘날, 자본가와 노동자라는 세력이 적절한 조화가 필요함에도 충돌이 더러 눈에 띈다. 프랑스의 어느 공단에서 일하는 직공은 고용주와 분쟁을 벌이던 중 그의 가정을 습격하는 것도 모자라 그를 죽인 사건도 벌어진 적이 있었다. 또한 어느 마을의 거리에서는 인간 바리케이드를 쳐 치안을 어지럽게 한 적도 있었다고 한다. 영국에서는 선덜랜드의 한 조선소에서 장기간에 걸친 자본가의 공장 폐쇄로 수많은 노동자와 가족의 생활이 어려워져 아사 직전이라고 하며, 레스터에서는 노동자끼리 싸움이 붙어 아수

라장이 되었다고 한다. 미국에서도 노동 쟁의와 파업이 요즘처럼 빈번히 일어난 적은 없었다. 사방팔방 어디서든 소요 사태가 벌어지고 있다는 점으로 미루어 노사 관계의 균형은 아직 이루어지지 않았다는 것을 알 수 있다. 공장 폐쇄나 파업은 그 자체가 벌어져선 안 되는 일이다. 결말만으로 이를 정당하거나 부당하다고 못 박을 수는 없는 노릇이다. 그런 맥락에서 보면 파업이나 폐쇄는 두 국가의 전쟁과도 비슷하다. 즉, 대립되는 두 세력의 힘과 인내심의 문제일 뿐이다. 파업이나 공장폐쇄도 그렇지만, 정당과 부당을 확정 짓겠다고 분쟁(혹은 투쟁)을 부추긴다는 것은 터무니없는 발상에 불과하다. 가장 진보한 사회가 되면 분쟁은 과거사로 남듯, 파업이나 폐쇄 또한 과거의 일로 남지 않는다면 자본가와 노동자가 서로 균형점을 찾았다고 장담할 수는 없을 것이다.

자본가와 노동자의 관계가 좀 더 달라져야 한다는 점이 당연하다고 여기는 나는, 노동이 자본과의 관계에서 또 다른 발전 단계로 올라 설 수 있는 여러 가지 계획들을 생각해 볼 것을 권한다. 그 예비 단계로서, 오직 최대 규모의 자본과 노동만이 고려할 필요가 있는 대상이라는 점을 염두에 두도록 하자. 앞서 암울하게 이야기했던 업계의 분쟁은 대형 기업에서만 두드러지게 나타나고 있다. 지원을 위해 노동자를 고용한 농부를 비롯하여, 집사나 하인을 고용한 거부는 파업의 영향을 받지 않는다. 노동자라는 전체 집합의 일부를 이루는 소수만 신경 써도 될 경우라면 대개는 그냥 참고 넘어갈 수 있는 환경이라고 볼 수 있다. 즉, 최근 성장하고 있는 광업 및 제조업 관련 대기업에 주안점을 두어야 한다는 이야기다. 자본가와 노동자가 종종 대치 국면에 치닫고 있기 때문이다.

이들의 조화를 위해 제시된 방편으로는, 첫째, 조합을 모색하거나 노동자가 기업의 지분을 일부 소유하여 이익을 나누는 전략을 모색해야 한다. 이를 시행할 수 있다면 이제껏 남의 땅을 경작해 온 사람에게 그 땅에 대한 소유권을 줄 때 생길 수 있는 유익한 효과를 노동자에게도 줄 것이다. 소유권은 자신에 대해서는 인간 이상의 의미를, 국가에 대해서는 시민 이상의 의미를 부여한다. 하지만 우리는 여기서 어려움에 봉착하게 된다. 솔직히 말하자면 아직은 극복하지 못한 데다, 협력에 대해서는 마땅히 낙관적인 시각을 가져야겠지만, 실은 그러지 못하는 어려움을 두고 하는 말이다. 그 문제는 대형 제조업과 광업, 상업에 모두 내재하는 것 같다. 예컨대, 두 사람이나 두 분야의 사람들이 결합해 용광로나 제철소, 방직공장, 혹은 서로 인접한 피아노 제조 공장을 세우거나, 선박을 제조하거나 상업 활동을 벌인다고 치자. 똑같은 자본과 신용으로 시작할 때, 상대의 직원과 면식이 있는 직원이라면 서로 성공할 가능성이 같다고 생각할 것이다. 하지만, 유명무실하게 가까스로 자리만 차지하다가 결국에는 채권단의 손에 넘어가는 반면, 이웃한 공장이나 사업은 사주에게 막대한 이익을 안겨 줄 수도 있다. 성공하는 제조업체라면 매월(혹은 매년) 직원이 벌어들인 이익의 비율을 나누기(보너스든, 그들이 소유한 지분의 배당금이든) 때문에 직원의 만족도가 높을 뿐 아니라 어떤 분야에서든 경쟁업체와는 달리 가장 유능한 인력을 유치하게 될 것이다. 직원에게 배분할 이익이 없다거나, 입에 풀칠만 할 정도의 최저 임금만을 지급하는 업체라면 사업의 성공에 꼭 필요한 감독이나 직원을 빼앗길 수밖에 없다. 이때는 노동자의 불만도 쉽게 사그라지지 않을 것이다. 그들의 기술로 맺은 결과가 고용주의 무능과 무관심 때문에 갈취를 당했다고 볼 테니까. 따라서 결과는 경영진의 사업 수완에 따라 천양지차로 달라지게 마련이다.

공장 중 하나가 직원 소유가 된다고 해도 그러겠지만, 이런 경우 직원의 현 계발 단계로는 실패할 가능성이 크게 증가할 것이다. 사실, 전 세계 어디를 보더라도 노동자가 광업이나 제조업이나 혹은 상업을 조직하고 이를 성공적으로 이어갈 수는 없을 듯하다. 사업 교육을 받은 사람이 소유한 기업과 경쟁하기가 어렵기 때문이다. 설령 조합식 기업이 성공한다 하더라도 경영진 중 하나의 사업 능력이 출중한 덕으로 봐야 옳을 것이다. 노동자 출신 소유주의 노력은 비중이 낮을 수밖에 없다. 이 같은 사업 수완은 폭풍이 휘몰아치는 바다와도 같은 사업 세계에 입성했다가 낭패를 겪은 수많은 사람이 입증한 바와 같이 상당히 드물다. 조합 하나가 성공하면 망하는 조합은 스무 곳이라 생각하면 얼추 맞을 것이다. 물론 얼마 되지는 않지만 대성하는 기업도 아주 없는 것은 아니다. 이를테면, 프랑스와 영국에서는 각각 두 곳과 한 곳이 성공 사례로 꼽히는데 이들은 조합식 계획에 토대를 두고 조직되어 직원이 이익에 직접 관여하고 있다. 따지고 보면 이 조합 또한 직원과 이익을 나누고자 했던 사주가 창출한 기업이고, 그 덕분에 조합식 제조 공장이 성공하자 생업에 대한 자부심도 높아졌다. 그런데 사업의 천재가 더는 노동자의 가이드가 되어 주지 않는다면 기업의 장래는 어떻게 될까? 왠지 암울해질 거라는 의구심만 들 뿐이다. 물론 문명사회를 떠올릴라 치면, 사업에 재능이 있는 사람은 지위 확대에 연연하지 않고 한 배를 탄 직원과 가족의 공익을 도모하며 거대한 기업을 이끄는 데 중요한 일을 도맡아 하리라는 생각이 든다. 그러나 이것은 아주 먼 미래의 전조에 불과하다. 그들의 계급이 상승한다면 자본가와 노동자의 문제는 아주 해결되어 쌍방이 만족하게 될 것이다. 하지만 해법은 미래에 속한 것이므로 공동 소유권이나 조합을 노동자가 고공 행진을 위해 밟아야 할 차기 단계로 간주할 수는 없으리라.

또한 차이를 둘러싼 평화적 합의가 중재를 통해 이루어져야 한다고 본다. 이 같은 주장을 두고는 명백한 근거가 있다. 나는 "어느 한 편이 중재했을 때 상대가 이를 거부하기 전까지는 어떠한 파업이나 폐쇄는 불법으로 규정한다"라는 금언으로써 이에 대한 법칙을 정하고자 한다. 물론 중재 중이라도 당사자의 문제를 합리적으로 판단해 줄 수 있는 사람을 확보하는 것이 여의치 않아 심각한 마찰이 빚어질 수도 있다. 사업가라면 누구든 신뢰하지 않는 사람에게는 사업을 노출시키려 하지 않을 것이다. 미국은 퇴직한 사업가 층이 얇은 편인데, 이처럼 죽을 때까지 악착같이 돈을 모으려는 사람이 적지가 않아 안타까울 따름이다. 영국과 같이, 막대한 재산을 쌓은 뒤에는 일선에서 물러나는 관행이 정착된다면 그런 계층이 적절한 중재자가 되는 것도 나쁘진 않다. 또는 전 노조위원장(이를테면, 자렛이나 와일 씨 등)이 사령탑에서 물러나면 필요한 실무 지식을 터득한 고문으로서 제조업자를 비롯한 직원을 찾아가 가르치는 건 어떨까? 자본가와 노동자 사이에 빚어지는 소모성 마찰을 방지할 수 있는 직속 기관 중에는 중재위원회가 가장 강력하고 유익할 것이다.

노조가 노사 관계에 미치는 영향은 지금껏 적잖이 화두가 되어 왔다. 영국 회사라면 감히 그런 입장을 취하진 못했겠지만, 어쨌든 미국 기업 중 일부는 노조 결성에 대한 권리를 인정하려 들지 않았다. 그러나 이 같은 방침은 현 상황의 일시적인 국면으로 간주해야 할지도 모른다. 노동자가 모여 노조를 결성할 권리는 제조업자가 협회에 가입하고 동료와 함께 대회에 참여할 권리 못지않게 신성한 것이므로 속히 인정되어야 마땅하다. 사실, 영국 노동자는 일찌감치 스스로 얻어낸 권리인데도, 미국 노동자는 그 권리를 빼앗기는 것을 가만히 보고만 있다면 미국 노동자의 생각이 짧다고 밖에는 볼 수 없을 것이다. 나의 경험에 비추어 볼 때, 대체로 노조는 노동자와 자본가 모두에 이롭다. 노조는 노동자의 교육과 아울러 자본가와 노동자의 관계를 어떤 조직보다 더 분명하게 이해하도록 개념을 정립해 주기도 하므로, 가장 유능한 노동자라면 결국에는 노조에서 두각을 나타낼 것이다. 그러면 노동자가 현명할수록 고용주와의 마찰은 대체로 줄어든다는 데 공감할지도 모르겠다. 형제지간인 자본가가 없는 노동자는 무력해질 수밖에 없다는 것은 굳이 머리가 좋지 않아도 다 아는 사실이지만, 자본가를 노동자의 숙적으로 폄하하는 무지한 사람은 노사관계를 더 악화시킬 뿐이다. 무지한 선동가는 의사를 전달할 수 있는 적절한 조직이 없기 때문에 더욱 왕성해질 것이다. 의사는 신중하고 현명한 대표의 뜻을 지지하는 쪽으로 기울어지게 되어 있다. 물론 지성인은 권리뿐 아니라 의견과 선입견까지도 대우해 주어야 하며, 기업이 번창하면 좀 더 많은 지분이 무지한 노동자보다는 현명한 노동자에게 돌아가야 할 것이다. 현명한 노동자는 쉽사리 강요당하지 않는다. 행여 사업이 위축될라치면 그는 보수가 줄어도 이를 기꺼이 받아들일 테니, 장기적인 안목에서 볼 때 자본가는 가장 현명한 사람의 도움을 받는 편이 나을 것이다. 이때 자본가는 대우나 보수의 합당한 수준을 알고 있는 노동자를 상대한다는 점을 의식하고 있어야 한다.

노사 분쟁의 커다란 원인은, 오늘날 자본가와 노동자 사이에서 격한 마찰이 벌어지는 대기업을 소유주가 아닌 샐러리맨 간부가 경영하는 데서 비롯된다. 그들은 노동자의 복리에는 전혀 관심이 없다. 이 간부들은 연말에 만족스런 재무제표를 보여 주어야 한다는 강박증 탓에 수백 명의 주주에게 평소와 같은 배당금을 지급하고, 그럼으로써 확고한 지위를 지키기 때문에 이사회나 주주의 불쾌한 잔소리를 듣지 않고도 사업을 운영할 수 있는 것이다. 소유주가 임직원을 직접 상대하고, 그들의 실력과 애로사항 및 포부를 잘 아는 소기업이라면 쓰라린 파업은 거의 벌어지지 않는다. 회장이란 사람이 임직원과는 수백 킬로미터나 떨어진 곳에서 전용기를 타고 회사에 와서는 고작해야 1년에 한두 번만 공장과 광산을 둘러본다면 이따금씩 벌어지는 노사 분규의 책임은 그에게 물어야 할 것이다. 나 또한 노동자 대표단과 자주 상의하는 경영자가 직원과의 갈등으로 골머리를 앓은 경우는 거의 본 적이 없다. 대기업 총수가 현장 직원을 개인적으로 알고 지낸다는 것이 그리 쉬운 일은 아니겠지만, 경영자가 현장을 다니며 대표단에게서 그들의 조언과 고충을 듣는다면, 굳이 본사가 개입하지 않더라도 끈끈한 대인관계와 유대감을 유지 강화시키는 데 일조할 수 있으리라 믿는다. 따라서 나는 노동조합, 또는 여전히 더 유익하게도, 직원의 "목소리"가 되어 줄 대표를 고르는 각 업체의 조직에서 노사 관계를 개선시킬 수단을 찾았다.

고용주의 작은 희생이 전 직원에게 큰 유익이 될 때가 더러 있다는 사실에 놀라곤 한다. 예컨대, 얼마 전 본사에서 노동자 대표단과 회의가 있을 때의 일이다. 동네에서 외상으로 장을 봐야 하기 때문에 직원들의 부담이 이만저만이 아니라는 주장이 마침 제기되었다. 보통, 직원은 한 달 동안 식구를 먹여 살릴 형편이 못 되며, 매달 받는 월급만으로는 외상 거래가 불가피하기 때문에 현금가보다 25퍼센트를 더 얹어 주어야 한다는 것이다. "그럼 2주마다 급여를 정산하면 되지 않겠나?" 내가 묻자, 어느 직원은 "솔직히 내키진 않습니다. 괜히 그랬다가 마찰이 생길지도 모르니까요. 하지만 그래 주신다면 저희 입장에서는 급료가 5퍼센트 오르는 효과가 있을 겁니다." 그때부터 본사는 줄곧 한 달에 두 번씩 급여를 지급했다. 이때가 기회다 싶어 다른 직원도 입을 열었다. 매일 석탄 속에 파묻혀 일하지만, 가정에서 조금씩 사들이는 석탄 가격은 부셸* 당 얼마로 책정되었다고 하던데, 그 가격이라면 우리가 취급하는 최고급 석탄가보다

---

* 부셸(bushel): 부피를 재는 단위로 약 35리터 해당한다. — 편집자 주

두 배나 더 높다는 것이다. 그렇다면 직원이 필요한 만큼 석탄을 공급해 주고 합당한 가격을 청구하면 쉽게 해결되지 않겠는가! 이는 회사에 손해를 끼치지 않는 데다 직원에게도 득이 되는 방편이었다. 앞서 개진한 바와 유사한 고충을 토로하는(이처럼 애로사항을 속 시원히 털어놓으면 노동에 대한 부담은 덜고 생산성은 향상될지도 모른다) 직원이 있는가 하면, 시설이나 설비를 교체하자는 직원도 있었다. 회의가 아니었다면 고용주도 그냥 지나쳤을 것이고 직원은 더더욱 제기하지 않았을 공산이 크다. 이를 비롯한 여러 가지 이유 때문에 나는 직원의 모임이 중요하다는 점을 강조한다. 경영자는 정식으로 선출된 대표단을 통해 직원의 고충과 조언을 접할 수 있을 것이다. 경영자가 아무리 유능해도, 부서마다 기업에 이로울 만한 혁신이 무엇인지 귀띔해 주는 것은 직원의 몫이다. 경영자와 직원의 관계가 소원하다면 전자는 큰 손실을 떠안게 되고, 직원의 신뢰와 존경을 받지 못하는 경영자는 일류라는 명칭이 무색해지게 마련이다. 아랫사람의 헌신과 애정을 불러일으키지 못하는 사람은 진정한 신사가 아니다. 다만, 대표단이 회의 소집을 너무 자주 요청하는 것도 문제가 되니, 매년 서너 번으로 만족할 줄 알아야 할 것이다.

이번에는 대기업에서 자본가와 노동자 사이에 만연해 있는 마찰의 궁극적인 원인을 거론하고, 갈등의 현실적인 본질과 치료도 아울러 거론할까 한다.

문제는, 어느 때든지 때에 맞는 적절한 임금이 지급되지 않는다는 것이다. 모든 대규모 공장은 6개월 단위의 선물 주문으로 꽉 차 있다. 주문은 계약 당시의 시세로 이루어지는데, 특히 올해가 그런 문제를 보여 주는 해가 되지 않을까 싶다. 작년 말 수송용 강철레일의 가격은 현지 공장에서 1톤당 29달러였다. 물론 공장은 그 가격으로 주문을 받았지만 해가 바뀌자 수요가 예상치 못하게 뛰어 가격은 톤당 35달러까지 치솟고 말았다. 그리하여 미국 내 여러 공장은 해안 지방과 피츠버그에서는 톤당 평균 31달러에, 시카고에서는 34달러로 주문을 받아야만 했다. 운송비와 철광석 원자재를 비롯한 모든 가격이 그에 연동되어 오르기 때문에 박리다매로 공장을 운영해야만 했다. 하지만 "강철레일이 대호황을 누리고 있다"는 보도를 접한 노동자들이 임금 인상을 요구하자, 잘못된 합의였음에도 불구하고 관철되고 말았다. 적절하게 합의했더라면 굳이 주지 않아도 될 것까지 마지못해 줘야 했으니, 고용주의 불만도 여전했다. 이때 상황이 반전되었다. 강철레일 시장이 침체 국면에 돌입한 것이다. 그렇지만 공장은 여전히 6개월 동안 시세보다 높은 가격으로 운영했고, 시장에서 인정되는 임금보다 더 높은 임금을 지급할 수 있었다. 하지만 지급하지 않아도 될 추가 임금까지 부담해 온 업체는 강철레일의 가격이 하락한 만큼 임금도 삭감하려 했으나 노동자의 반발에 부딪쳐 올해 초에 벌어졌던 협상과 파업이 반복되었다. 즉, 고용주가 임금을 감축하려 들면 노동자는 인상을 요구하고, 그 반대도 마찬가지라는 것이다. 따라서 우리는 고용주가 제품 가격을 높게 받아 막대한 이익을 창출한다면 직원도 높은 임금을 받고, 고용주가 제품 가격을 낮게 받아 이익이 감소하면 노동자도 그에 상응하는 임금을 받는 방안을 모색해야 한다. 이 같은 방안을 실현할 수만 있다면 노동자와 고용주는 "같은 배"에 탔다는 심정으로 회사의 번영을 함께 누리며 어떤 역경이 와도 불굴의 의지로써 이를 극복할 것이다. 여기에는 분쟁의 여지가 없고, 노사 간의 파트너십이 적개심을 대신하게 마련이다.

이 같은 결실을 맺게 해주는 수단은 아주 단순하지만 이를 실현하려면 노사 양측이 힘을 합쳐야 한다. 임금은 매월 제품의 순(純)가격에 비례하여 적용되는 판매가격 순응임금제(sliding scale)에 기초해야 한다. 마침 노스 시카고 롤링밀 컴퍼니의 대표인 포터 씨가 주요 공장에서 이 방침을 도입했다고 하니 그에게 찬사를 보내고 싶다. 그랬더니 올해는 노사 간의 불만이 없었고 조업 중단 사태도 벌어지지 않았다고 한다. 새로운 제도의 시행으로 임금에 변화가 생긴다는 점도 그렇지만, 만사가 순조롭게 돌아간다는 점에서 순응임금제는 제조업체와 노동자 모두에게 가치가 있다.

피츠버그에서 고급 연장을 제조하는 크레센트 스틸웍스도 제품 가격에 비례하는 순응임금제에 따라 직원에게 임금을 지급하고 있다(순응임금제는 본사가 대성할 수 있었던 주요 변수 중 하나로 꼽힌다). 엄밀히 말하면, 철강 제조업자와 일반 노동자에게 적용되는 순응임금제가 유일한 정석이라 할 수 있다. 순응임금제는 자본가와 노동자 쌍방에게 지급이 결정된 소득이지만, 매년 적용되기 때문에 그 해에는 임금 문제로 파업을 벌이는 경우는 없으며, 설령 있더라도 순응의 폭이 정당한지 부당한지에 대한 연례 협상에 국한될 것이다. 그러나 이 순응임금제는 실제로 받은 제품 가격이 아니라, 원칙상으로 받아야 할 공시가에 바탕을 두기 때문에 노사 상호간의 이해가 완전히 맞아떨어지는 않는다. 예컨대, 최근 침체 국면에 돌입한 철강업계는 매출을 끌어올리려고 어쩔 수 없이 공시가에 대해 엄청난 할인을 해야 했는데,

이때 노동자는 고용주가 떠안은 손실을 분담하지 않았다. 하지만 지금 모양새의 순응임금제라도 도입하고, 노사 간의 차이가 발생하는 모든 원인은 연말을 넘겨서는 안 되며, 순응의 폭을 숙고해야 할 때는 중재위원회로 넘기며, 노사 간의 연례 임금 협상이 실패했을 경우에도 중재위원회로 넘긴다고 확실히 못을 박는다면, 파업과 공장 폐쇄는 철강업계에서 완전히 사라질 것이다. 중재위원회의 결정이 기준일로부터 효과를 발생한다면 공장은 중단 없이 가동될 수 있다.

협력을 위한 모든 고려 사항이 가까운 시일 내에 이루어질 것 같지 않다고 여긴다면, 나는 다음이 자본가와 노동자가 영구적인 평화 관계로 발전할 수 있는 단계라고 믿는다.

첫째, 제품의 수금 가격에 비례하는 순응임금제를 토대로 급여를 산정한다.

둘째, 공장마다 적절한 노동자 조직을 구성해 지도자를 비롯한 유능한 직원이 고용주와 자유롭게 피드백을 주고받게 한다.

셋째, 어떤 경우를 막론하고 노동자 대표단과 고용주가 원만하게 이견을 좁히지 못한다면 평화적으로 중재위원회의 결정에 따른다.

넷째, 중재위원회의 결정은 기준일부터 효력을 발생하므로 공장 가동에 어떤 중단도 있어서는 안 된다.

업체가 이 같은 방안을 채택한다면 몇 가지 바람직한 결과를 얻을 수 있을 것이다.

첫째, 노사가 기업의 생사고락을 같이하게 된다. 순응임금제가 정착되면 적대감은 사라지고 서로가 존중하는 마음이 자리 잡게 되어, 자본가와 노동자가 모두 힘을 모아 상부상조하게 될 것이다.

둘째, 쌍방이 쟁점에 대한 향후 결정에 순응하기 때문에 파업이나 공장 폐쇄가 빚어질 리 없다. 결국에는 제3자가 가족사에 이러쿵저러쿵 개입하는 상황이 벌어진다는 사실을 누구보다 잘 알기 때문에 원래의 당사자가 원만하게 합의하지 않는 사례는 거의 없다. 그러지 않으면 중재위원회를 거쳐야 할 테니까.

노동의 미래가 어떻게 되든 간에, 확실하고 꾸준한 진보만을 바라보는 진화론자는 노동의 승리를 제한하려 하지 않을 것이며, 완전하고 보편적인 산업 협력의 궁극적인 형태도 제한하려 하지 않을 것이다. 언젠가는 그 형태에 도달하기를 희망한다. 하지만 발전을 위한 다음 단계는 앞서 지적했던 그 방향으로 가는 것이라고 믿는다. 자본가와 노동자가 적이 아닌 동고동락해야 할 조력자로서의 관계가 회복되는 날을 앞당기는 데 일조하고자 안간힘을 쓰는 한 사람으로서, 앞서 열거한 나의 소견을 양측이 신중히 검토해 주길 바란다.

* 〈포럼〉 1886년 4월호에서 발췌.

10장
노동 분쟁의 결과

"노동 문제에 대한 고용주의 시각"이라는 글이 발표되었을 당시에는 노동자와 자본가는 평화적으로 각자의 위치에서 적절한 기능을 수행하고 있었다. 다시 말해, 자본가는 노동자가 원하는 것을 제공하고, 노동자는 그들에게 주어진 직무를 정기적으로 이행하는 시스템이 일반화되어 있었다. 그러나 이 글이 대중에게 발표되기 전에 이제까지 미국에서 일어난 것 중에 가장 심각한 노동자의 저항이 일어났다. 이로 인해 거의 패닉 상태에 빠진 자본가는 안전한 은신처로 뒷걸음치기 시작했다. 또한 여론을 주도하던 사회 지도층이라고 일컬어지던 사람들은 자제력을 잃은 것처럼 보였다. 이들 가운데 상당수가 그 어느 누구보다 명성이 자자하던 정치경제학자들이었다. 이런 부류의 저자들은 미국에서 주요 계층으로 간주되는 소수 집단이지만 대개 공리공론을 일삼으며 소소한 일상에서 벌어지는 일과 담을 쌓으며 살았다. 그래서 이들은 미국 사회를 지탱하고 있는 임금 노동자 계층이 지니고 있는 주요 기본 덕목이 무엇인지 제대로 알지 못했다. 또한 이런 사회 현상을 이론적 관점으로만 이해하려 했다. 이들 가운데 일부 경제학자들은, 평화로운 발전의 근간이 되는 기본 제도가 완전히 허물어진 것은 아니지만 적어도 상당히 심각한 위기에 처해 있으며, 노동자의 저항으로 문명사회 자체가 갑작스런 큰 충격을 받았다고 생각하는 것이 분명했다. 그리고 대다수 경제학자들은 주저 없이 민주 제도의 허약함이 노동자의 저항에 바탕을 두고 있다는 점을 시사했다. 또한, 선거권은 지식 계급에 국한되어야 한다는 의견도 제시됐다. 즉, 노동 대중은 보다 견고한 유대감으로 결속할 수 있는 위험성을 내재하고 있다는 것이다. 이런 쓸데없는 걱정으로 호들갑을 떠는 학자들의 목소리가 들려올 때면, 우리는 이 잘난 선생들의 꾸짖음을 거스르고 싶어진다. 왜냐하면 그들은 항상 타국의 큰 결점보다 자국의 사소한 티끌에 우려를 표하기 때문이다. 이들은 군주제인 벨기에 왕정이 노동자의 저항으로 흔들리기 60일 전의 상황을 잊고 있는 듯했다. 벨기에와 비교하면 미국에서 일어난 노동자의 저항은 사실상 미미하고 무해한 수준이었다. 인구 550만 명의 벨기에는 인구 5,600만 명의 미국보다 더 많은 폭도들이 들고 일어났으며, 미국이 했던 것처럼 평화를 회복시키는 것이 아니라, 벨기에 정부는 기득권 체제를 이용해 한동안 모든 법률을 폐지하고 공개적으로 모든 시민에게 폭도들과 맞서 싸울 권한을 부여해야 했다.

우리의 잡지, 평론, 신문은 이런 사이비(얕은 지식으로 소위 전문가인체 하는 아마추어) 학자들이 노동자와 자본가 사이에 적절한 관계를 유지하고 회복하기 위해 필요하다고 생각하는 급진적 변화와 관련된 기사들로 가득 차 있다. 종교계에서도 마찬가지로 떠들어 대고 있었다. 나의 글이 발표된 그 날로부터 노동 저항이 최고조에 이른 지 30일이 채 지나지 않았다. 그럼에도 불구하고 현재 노동자와 자본가는 모든 곳에서 다시 협력하고 있다. 지금 우리는 노동자의 저항 정도를 파악하고 실제 차원에서 불안과 공포를 진정시킬 수 있는 위치에 있다. 그리고 이번 소동이 우려의 목소리를 높일 만큼 그렇게 놀랄 만한 일이 아니었음을 머지않아 알게 될 것이다. 노동자의 소동 그 자체로는 규모에 있어서든 결과에 있어서든 심각한 문제는 아니다. 이 같은 노동 분쟁의 발생이 우리에게 주는 교훈은 노동자의 투쟁 아래 깔려 있는 그들의 영향력을 보여 주는 것에 있다. 오늘날 미국에서는 총 2,000만 명이 넘는 노동자가 열심히 일해서 생계를 유지하고 있다. 이 중 무역과 운송업에서만 700만 명이 넘는 노동자가 땀 흘리며 열심히 일을 한다. 노동자의 저항이 절정에 이르렀을 때조차도 고작해야 25만 명을 채 넘지 않는 노동자가 일시적으로 일을 중단했었다. 이 수치는 브래드스트리즈 사(社)가 제공한 정보이다. 그리고 3일 후에는 8만 명으로, 4일 뒤에는 4만7000명의 노동자만이 투쟁에 참여하고 있었다. 투쟁에 참여하지 않고 남아 있는 수십만 명의 노동자는 평상시와 다름없이 주어진 일을 충실히 수행하고 있었다. 5월 14일 보고에 있는 투쟁에 참여한 노동자 수는 임금 인상을 요구하거나 불만 사항을 해결하려는 사람과 실제 파업에 참여하지는 않았지만 불만을 가지고 있는 사람 모두를 포함한 수치로 보는 것이 타당하다. 5월 14일에서 17일까지 4분의 1로 줄어든 시위대는 그로부터 3일 뒤에, 남아 있는 시위자 수에서 다시 절반으로 줄었다. 이 같은 규모의 시위를 노동자와 자본가 간의 주도권 다툼으로 보는 것은 무리가 있다.

이렇듯 노사 분규가 일어난 지부를 중심으로 자본가와 심각한 투쟁을 벌이는 노동자의 수는 한 번에 5만 명을 넘지 못했다. 다시 말해 임금을 받고 있는 총 노동자 계층의 1퍼센트도 넘지 못했다고 보면 된다. 그렇다면 얼마 되지 않는 노동자가 참여했던 소규모 파업이 어떻게 그렇게 커 보였냐고 묻고 싶은 걸까? 백 명의 노동자 중에서 채 한 명도 시위에 참여하지 않았는데 왜 일반적인 노동자 저항으로 당연한 것처럼 받아들여졌을까? 이 같은 과대망상의 원인은 뻔하다. 전신 시스템을 갖춘 언론사는 어디나 있으며, 이 같은 언론을 통해 미국 일리노이 주 이스트 세인트루이스에서 발생한 현지 노동자 소요에 대한 보도가 482만 평방 킬로미터를 넘어 미 전역으로 퍼져 나가면, 세인트루이스 시에서 발생한 사태가 강 반대편에 있는 뉴올리언스, 보스턴, 그리고 샌프란시스코에서 일어난 것처럼 생각된다. 전국 각지의 시선은 노동자 소요 사태로 집중된다. 쉽게 흥분하는 천성이 있는 사람들은 이 같은 소요가 전국적으로 일어나고 있다고 믿는다. 심지어는 이 같은 노동 문제가 자신들의 발아래에서 흔들리고 있다고 생각한다. 이런 방식으로 3,700명에 지나지 않은 노동기사단*이 포함된 워베시 철도와 관련해 현지에서 발생한 문제와 뉴욕의 3번가 철도회사 소속의 겨우 몇 백 명의 노동자들이 일으킨 파업이 몇몇 사소하고 일시적인 다른 곳의 분쟁과 함께 노동과 자본의 전면전으로 확대되었다. 그러나 현지에서 발생한 분쟁은 그리 많지 않았고 평화는 이미 돌아왔다. 인류사회 전반과 특히 공화국의 안전을 걱정하는 대학 교수, 정치경제학자, 전국 학교의 비관론자, 기존의 노동 조건에 대한 혁명을 대담하게 설파했던 장관들은 그들의 공포와 불길한 예감에 대한 또 다른 대상을 얼마든지 자유롭게 찾을 수 있다. 시대의 흐름 속에서 점진적인 진전을 이뤄 온 자본가와 노동자 사이의 관계는 쉽게 바뀌지 않는다. 인류사회가 고된 역사의 전진 속에서 도달한 각기 진일보한 위치에서 강화해 온 견고한 벽이 떠들썩한 언론의 공격으로 바닥으로 떨어지지는 않을 것이다. 현 상황은 점점 나아지고 있고, 아주 서서히 지속적인 단계로 조금씩 나은 방향으로 바뀔 수 있다. 그리고 그 소요 사태의 짧은 역사는 유용하고 필요한

---

* 노동기사단(Knights of Labor): 1870년에 설립된 1890년대 미국 최대의 노동조직 — 옮긴이

여러 교훈을 제공할 것이다.

여러 가지 심각한 문제들이 그러한 것처럼, 그 문제도 아주 사소한 것에서 비롯되었다. 노동기사단 소속의 한 지도자가 해고되었다. 그가 영향력 있는 노조 간부여서, 상사가 그를 해고했는지는 아마도 알 수 없을 것이다. 그러나 그럴 가능성이 높다고 얘기할 수는 있다. 대기업에서 일하는 샐러리맨 관리자는 어떤 문젯거리도 만들지 않는 부하직원을 두고 싶어 한다.

반면에, 노조 지도부의 안전은 노동 문제 해결을 위해 중요하다. 노조 지도부의 안전을 포기하는 것은 모든 것을 포기하는 것이다. 문제가 되는 그 노조 간부가 다른 직원들처럼 직장에 정기적으로 나오지 못했더라도, 때때로 조합원을 위한 공무에 참석하느라 며칠씩 빠졌다 하더라도, 해당 노조 간부의 상사는 그를 매우 관대하게 다루어야 했다. 노동자들은 그들의 지도자가 정당한 사유로 해고되었는지 알 수는 없지만, 의심을 멈추지 않을 것이다. 그리고 여기서 나는 노조 지도부의 안전을 지키기 위해 많은 것을 희생하고, 노동 투쟁에 자신을 내던지며 보이는 노동자들의 공명정대한 남성성, 드높은 명예, 충성심에 주목한다. 모든 정의로운 것은 이런 정신을 소유한 사람들에 의해 이루어진다. 노동자들이 지도부에 보이는 이와 같은 충성심은 이들에게 합당한 대우를 하면 고용주에게 방향이 바뀔 수 있다. 따라서 사회는 서로에게 너무나 열성적이고 충실한 노동자들을 두려워할 이유가 아무것도 없다. 또한 여기서 보이는 충성심은 이례적인 것도 아니다. 충성심은 노동자를 하나의 계급으로 구분 짓는다. 아이언스 씨는 "경영자의 입장에서 한 시간의 신사다운 호의가 모든 재앙을 막을 수 있을 것이다"라고 말한다. 그의 말이 사실이든 아니든 간에, 이 말 자체를 간과하지 말아야 한다. 왜냐하면 고용주의 입장에서 한 시간의 배려가 수많은 파업을 예방할 수 있다는 것은 사실이기 때문이다. 노동자가 적절한 방식으로 면담을 요청하든 예의범절을 지키지 않든 간에 그것은 중요하지 않다. 이 점에서는 노동자들보다 아마도 교육을 더 잘 받았을 자본을 대표하는 이들에게 더 기대할 수 있을 것이다. 거부(巨富)의 관리를 신탁받은 사람들에게 그들의 관심 일부를 직원들 사이에서 나오는 불만의 원인을 알아내는 데 쏟고, 또한 어디에 있든지 직원들의 불만을 가라앉히기 위해 직원들을 절반 이상 만나야 한다고 요구하는 것은 무리한 요구가 아니다. 인간의 존엄성을 자본의 대표자에게 가르쳤을 때 노동으로부터는 노동자와 자본가 모두에게 좋은 것만

나오게 되어 있다. 점점 지적 수준이 높아지는 노동자들은 앞으로 자본가들에게 평등의 문제를 제기하며 동등한 대우를 요구할 것이다.

비록 오해였지만 그들의 지도자가 핍박을 받았다고 여겼기에 처음에는 파업 참가자들이 용납되었다. 그러나 투쟁 중 감정이 격앙되어 폭력에 의지하는 양상이 벌어졌고, 더 나아가 아무 상관도 없는 철도 노동자들을 이 싸움에 끌어들였다. 노동자들은 이렇듯 잘못된 행태를 보였고, 이로 인해 퇴출되었다. 이 후 노동자들은 유익한 교훈을 얻었다. 즉, 폭력과 불법 행위로는 어떤 것도 얻을 수 없다는 것과 무고한 사람들에게 죄를 물어 부당하게 처벌하는 것으로도 어떤 것도 얻을 수 없다는 것을 배웠다. 항상 노동자의 편에 섰던 민심은 처음에는 노동자 편을 들었다가 곧이어 노동 투쟁이 불법과 폭력 사태로 번지자 이를 용인할 수 없게 되었고, 이로 인해 민심은 노동자의 반대편으로 기울었다. 파업 참가자들은 그들에게 항상 큰 힘이 되었던, 없어서는 안 될 국민적 지지를 잃으면서 결국 모든 것을 잃었다.

또 다른 줄기의 노동 소요는 뉴욕에서 일어났다. 뉴욕의 3번가 철도회사 소속의 노동자들이 급여 인상을 요구하며 몇 시간 동안 파업을 했다. 파업이 정당하다고 인정될 수 있다면, 바로 뉴욕 철도 노동자들이 일으킨 이 같은 파업이었다. 회사가 강제로 노동자에게 하루에 15시간에서 16시간씩 일을 하도록 강요했다니 아주 부끄럽고 수치스러운 일이다. 대중의 의견은 이와 같았고 그 결과 노동자가 마땅히 승리를 거두었다. 그런데 세인트루이스 시에서 일어난 노동 분쟁에서처럼 노조 지도부의 적절한 리더십의 부재로 노동자들은 너무 멀리 나가 버렸고, 특정인을 고용하고 다른 노동자들을 해고하라는 무리한 요구로 그들의 유일하면서도 확고한 지지 기반인 민심을 잃어버렸다. 이로 인해 그들이 제시했던 최종 요구안에 반하는 결정을 할 수 밖에 없었다. 결국 노동자들의 투쟁은 실패했고 이는 당연한 결과였다. 세인트루이스 시와 뉴욕 시에서의 노동 분쟁에서 보았던 것처럼 민심이 들고 일어나면 시위가 어떻게 변하는지 우리는 그 판도를 목격했다. 이는 6월 6일에 내려진 지도부의 명령에서 더 자세히 보여지는데, 지도부는 브룩클린과 뉴욕의 모든 도시 철도 노동자에게 3번가 철도 파업 노동자들이 복귀할 때까지 일을 하지 말라고 명령했다. 그런데 이 명령은 노동자 그들 자신들에 의해 지켜지지 않았다. 왜냐하면 노동자들은 자신들이 속해 있는 지역 사회가 그들이 노조 지도부의 요구에 복종하는 것을 용납하지 않을 거라는 사실을 알게 되었고, 따라서 자신들의 투쟁이 실패할 것이라는 것을 알았기 때문이다. 이는 노동자의 최대 적이 부추겼을 법한 그런 방법이었다.

세인트루이스 시와 뉴욕 시에서 일어난 이 두 파업은 미국 전역으로 노동자들의 강력한 요구사항과 파업을 확산시킨 주요 파업이었다.

이와 같은 노사 분쟁의 분출 중 어느 하나도 큰 의미가 없었다. 전국에 걸쳐 파업이 빈발했지만, 시작했던 것만큼 빠르게 사라졌다. 노동 분쟁은 이후에 다른 형태로 자리를 잡았다. 노동 시간을 하루에 10시간에서 8시간으로 단축해야 한다는 노동자들의 요구가 생겨났다. 이 같은 요구를 말하는 것은 그 요구의 운명을 선언하는 것이다. 특히 사업이 약간의 이익도 내지 못하는 이 같은 시기에, 기존의 노동 조건은 20퍼센트까지 순조롭게 개선되지 않는다. 노동자들의 이런 요청은 단순히 그들의 고용주가 그들에게 계속해서 일을 시킬 수 없다는 것을 의미했다. 그럼에도 불구하고 역사는 노동 시간이 점차 줄어들고 있다는 사실을 보여준다. 1830년 미국에서 하루에 10시간에서 11시간씩 일하는 노동자의 퍼센티지는 29.7퍼센트였다. 이처럼 하루에 10시간씩 일하는 노동자는 1880년에 전체 노동자 중 59.6퍼센트로 증가했다. 반면에 하루에 12시간에서 13시간씩 장시간 과도하게 근무하는 노동자는 1830년에 32.5퍼센트로 나타났다. 1880년에 이들은 14.6퍼센트에 불과했다. 반면에 하루에 13시간에서 14시간씩 일해야 하는 노동자는 1830년에 13.5퍼센트이었다가 1880년에는 2.3퍼센트로 떨어졌다. 12시간씩 일하는 노동자들은 점차적으로 밤과 낮 2교대제로 고용되고 있다. 나는 노동 시간의 단축이 한계에 이르렀다고는 믿지 않는다. 그러나 노동 시간을 영구적으로 단축하려면 한 번에 오직 30분만 단축해야 이루어질 수 있다고 믿는다. 노동자가 현명한 조언을 따르게 된다면, 일하는 시간을 30분 줄여 달라고 요청할 것이고, 그런 다음 그가 요구한 정도의 근무 시간으로 확실하게 단축될 때까지 기다릴 것이다. 그러고 나면 주위 상황들이 저절로 단축 시간에 맞춰진다. 노동 시간을 줄여 달라는 요구의 온당함을 고려하는 과정에서 미국인이 영국인보다 일반적으로 더 많은 시간을 일한다는 사실을 간과해서는 안 된다. 매사추세츠의 23개 직종은 1주 평균 60시간 17분을 일하는 것으로 나타났다. 반면에 영국의 동일 직종은 54시간 50분만 일하는데, 이는 미국의 노동자가 영국 노동자보다 하루에 한 시간을 더 일하고 있음을 보여 준다. 영국의 방직 공장에서는 1주의 근무 시간이 54시간에서 56시간에 이른다. 광산, 주물 공장, 기계 공장에서는 54시간이 1주의 노동 시간이다. 1주에 54시간의 노동은 하루에 9시간씩 6일 일하는 것에 해당된다. 그러나 어떤 경우에든 노동자들은 토요일 반나절 휴일을 얻기 위해 매일 초과 근무를 한다. 일부 지역 가운데, 특히 글래스고의 노동자들은 2주를 일하고 격주로 토요일에 온전히 쉬기를 선호한다. 이와 같은 노동 환경은 새벽 기차를 타고 여행갈 수 있는 기회를 주고, 토요일과 일요일 이틀에 걸쳐 친구들과 지낼 수 있는 시간을 만든다. 내 친구인 맥카고 씨가 관리하는 앨러게니 벨리 철도회사는 얼마 전에 가장 행복한 결실로 토요일 반휴일 제도를 도입했다. 맥카고는 다년간의 경험을 통해 노동자들이 일주일에 반나절 가량의 시간을 허비한다는 것을 알게 되었다. 반휴일제가 실시된 이후로 노동자들은 더 이상 이전보다 시간을 허비하지 않게 되었다. 그래서 이 철도회사 노동자들은 일주일에 5일하고 반나절을 일한다. 물론 노동자들에게 반휴일에 대한 임금이 지급되지 않는다고 해서 그들에게 반휴일을 포기하라고 권유할 수는 없다. 이 같은 선례는 미국 전역의 철도회사 뿐만 아니라 모든 고용주도 모범으로 삼고 따라야 하며, 임금 노동자 계층의 노동 조건을 개선하고자 하는 모든 사람들로부터 지지를 받아야 한다.

  그러나 나는 노동 대표자들에게 노동 시간을 하루 10시간으로 단축하는 것을 요구하기에 앞서 10시간의 단축 노동 시간이 어느 회사에나 보편적으로 실시될 수 있도록 협상하는 데 노력을 집중하고 이를 성취해야 한다고 감히 말한다. 현재, 전 세계에서 생산되는 선철(銑鐵)은 두 곳을 제외하면, 일 년 내내 일요일이나 휴일도 없이 12시간 2교대로 일하는 노동자들에 의해 만들어진다. 이처럼 24시간 연속으로 일을 해야 하기 때문에 2주에 한 번씩 주간 근무자는 야간 근무자와 교대한다. 가스 공장, 제지 공장, 제분소, 그 외의 많은 제조업체들이 12시간 교대로 운영된다. 양조장의 경우 노동자에게 평균 하루 15시간의 노동을 요구한다. 많은 노동자들이 하루에 12시간이나 그 이상을 일해야 하는 한, 하루에 10시간씩 일하는 노동자들이 자신들의 근무 시간을 단축해 달라는 요구에 대중의 공감을 이끌어 내는 것이 불가능하다고 생각한다.

  그렇다고 8시간 근로제를 위한 운동이 실질적인 토대가 없는 것도 아니다. 주야로 운영하는 작업에는 각자 8시간씩 일할 수 있도록 3인 1조의 노동자가 투입되어야 하는데, 미국의 강철레일 공장의 경우 대개 이 같은 방식으로 운영된다. 3인 1조의 노동자 투입으로 발생하는 추가 인건비는 노동자와 고용주가 서로 다르다. 후자는 16과 3분의 2퍼센트의 추가 임금을 지급해야 한다. 그러나 그만큼 향상된 생산성이 뒤따른다. 이는 특히 무더운 여름철에 고려할 만하다. 왜냐하면 하루에 12시간씩 계속해서 일하는 노동자가 하루에 8시간씩 일하는 노동자만큼 시간당 생산성을 높일 수 없다고 알려졌기 때문이다. 만약 이 사업에서 이익이 조금이라도 발생한다면, 공장에 들어가는 일반 경비는 사실상 이전과 같은 수준이지만, 고용주는 보다 더 커진 생산력과 자본에서 이익을 얻는다. 이 같은 시스템에 딱 알맞은 전기 조명 시설이 완벽해졌기 때문에 전에는 야간작업이 불가능했던 공장들이 성공적으로 운영될 수 있다. 그러므로 나는 하루에 8시간씩 노동자가 일하는 시스템을 도입하는 공장뿐만 아니라 24시간 중에 10시간만 기계를 가동하는 공장의 수도 크게 증가하기를 기대한다. 물론 각각의 교대 근무조는 24시간을 각 세 파트로 나누어 교대로 일을 한다. 이 같은 시스템은 노동자의 단조로운 삶을 덜고 그들이 여가 활동을 하고 자기계발을 할 수 있을 만큼의 시간을 보장해 준다.

최근 관심을 모은 연구 보고서는 노동자와 자본가 사이

의 모든 분쟁의 유일한 해결책으로써 무엇보다 협력이나 이익 배분을 압도적으로 지지한다. 그런데 나의 4월 기고는 협력이나 이익 배분을 미래의 해결책으로 미뤄두었다는 이유로 비판을 받았다. 그러나 이 같은 해결책을 지지하는 사람들은 대다수의 대규모 사업들이 이익을 내지 못한다는 사실과 사업을 하는 대부분의 사람들이 실패한다는 사실에 더 무게를 두어 생각해야 한다. 사실대로 말하자면 사업가 100명 중 5명만이 성공한다. 소수의 부유하고 부분적으로 은퇴한 제조업자, 극소수의 돈 많은 기업만이 예외다. 사업을 하는 사람들은 망하지 않으려는 걱정에 휩싸이며 끊임없이 고분분투한다. 사업가는 그의 직원들이 잠든 어두운 밤 시간 동안, 만기일이 다가오는 부채를 어떻게 갚을 것인지, 직원들에게 지급해야 할 현금을 어떻게 구할 것인지, 어떻게 주문을 만들 것인지, 어떻게 제품을 팔 것인지, 그리고 적지 않은 경우에 채권자를 어떻게 참을성 있게 만들지 등 산적한 문제로 인해 쉬이 잠을 이루지 못한다. 나는 아늑한 자신의 서재에 앉아서 노사 관계에 대한 자신의 이론을 이리저리 돌려 보고 우리 앞에서 고상한 이론을 내놓는 이론가의 가르침에 점점 더 가치를 찾지 못하고 있다. 자본가가 산업 협력을 제안할 때, 노동자를 초대해 여는 '만찬'

은 아직 충분히 준비가 안 되어 있고, 초대에 응한 노동자는 이 '만찬'이 겉보기만 요란할 뿐 실속 없는 잔치라는 것을 알게 된다. 전체적으로 보면 오늘날의 노동 조건은 협력을 통해 이익을 얻는 게 아니라 적극적으로 피해를 받는다.

그렇지만 내가 이익 배분을 옹호하는 사람들에게 지적하고 싶은 것은, 현 노사 관계에 변화가 없이도 산업 사회의 거의 모든 분야에서 노동자가 공동 소유주가 될 수 있는 기회가 이미 존재한다는 점이다. 모든 경우에 있어 거대 제조업체뿐만 아니라 거대 기업인 철도회사도 대개 주식을 발행한다. 주당 50달러 혹은 100달러 정도로 주식 시장에서 매일 사고 팔리는 것들이다. 이 중 해당 기업의 직원만 아니라면 얼마든지 주식을 살 수 있고 배당금을 받고 경영에 참여할 수 있다. 기업의 자본을 하나의 단위로 보는 것은 흔한 오류이다. 반대로 기업의 자본은 수입이 한정된 사람들이 대부분을 소유하는 수백 수천의 작은 구성 요소로 이루어져 있다. 예를 들어, 피츠버그와 필라델피아를 연결하는 563킬로미터 길이의 펜실베이니아 철도회사는 현재 50달러짜리 1주 이상의 주식을 소유하고 있는 19,340명의 주주들이 소유하고 있다. 길이 724킬로미터의 선로로 뉴욕과 버펄로를 연결하는 뉴욕중앙 철도회사는 한 사람이나 두 사람 또는 몇 명의 자본가가 아닌 10,418명의 주주가 소유하고 있으며, 주주의 약 3분의 1은 여성과 재산 관리자이다. 미국의 전체 철도 시스템도 이와 유사하게 소유권이 광범위하게 분포되어 있는 것을 보인다. 거대 자본가들이 상당히 많은 지분을 보유하고 있는 3개의 철도회사가 있다. 그리고 3개 철도회사 중 2개 회사의 지분은 한 가족의 다양한 구성원들이 보유하고 있다. 그러나 어떠한 경우에도 결코 가족이 전부를 통제하지 않는다. 우리가 익히 알고 있는 것처럼 뉴욕중앙 철도회사는 바로 이 같은 경우 중의 하나로 1만 명 이상의 소유주가 있다.

강철레일 공장들도 단 하나의 예외를 빼고는 비슷한 상황을 보인다. 강철레일 공장 중 한 곳은 215명의 주주가 소유하고 있다. 이들 주주 중 7명은 피고용인, 32명은 자산 상속자, 그리고 57명은 여성이다. 또 다른 강철레일 공장에는 302명의 주주가 있다. 이들 주주 중 101명은 여성, 29명은 재산 관리자, 몇 명인지 밝혀지지 않은 회사를 대표하는 개인, 그리고 20명은 이 회사의 직원이다. 나머지 소유주의 대다수는 상대적으로 적은 자본을 가진 소액주주들이다. 때때로 이들은 이익이 확실하고 원금 손실로부터 안전하다고 확신하는 곳에 그들의 저축을 투자한다. 로웰의

메리맥 제조회사(목화)는 2,500명의 주주로 구성되어 있다. 이 중 42퍼센트는 1주, 21퍼센트는 2주, 그리고 10퍼센트는 3주를 보유하고 있다. 또한 27퍼센트는 3주 이상의 주식을 보유하고 있으며, 적어도 전체 주식의 38퍼센트 이상은 신탁관리자, 후견인, 그리고 자선 단체, 종교, 교육, 금융 기관의 관리자가 보유하고 있다. 나는 타 분야에 대한 유사한 보고서를 입수했는데(출판될 필요는 없는 것이다), 입수한 보고서는 예외 없이 기업의 주식을 보유하고 있는 주주의 4분의 1에서 3분의 1이 모조리 여성과 재산 관리자라는 것을 증명한다. 내가 제시하는 주주의 수는 등록된 수치인데 각자가 별개의 주식을 보유하고 있다. 그러나 재산 관리자의 경우, 하나의 주식에 소유자가 여러 명일 수도 있음은 분명하다. 회사 이름으로 발행되는 많은 주식이 몇몇 소유자를 대표하지만, 기업이 보유하는 주식은 수백 명의 소유자를 대표할 수도 있다. 펜실베이니아 철도회사가 발행한 모든 주식의 소유자가 단 두 명뿐이라는 이 같은 터무니없는 허위 사실에 이 거대 철도회사의 모든 노동자들은 이의를 달고 싸워야 한다. 이 같은 투쟁은 소수에 대항하는 것이 아니라 종업원들로 이루어진 조직보다 훨씬 규모가 큰 무엇과 맞서는 것이다. 빼어난 종업원이라면 자신이 속한 조직의 다른 서너 명의 이익에 반하는 사적 이익을 반대한다고 틀림없이 말할 것이다. 펜실베이니아 철도회사에 고용된 총 노동자 수는 18,911명이다. 이 숫자는 입수한 기록에 나와 있는 주주의 수만큼 많지는 않다. 이렇듯 펜실베이니아 철도회사에서 알 수 있는 진실은 전반적인 철도 시스템에도 해당되는 사실이다. 그리고 다소 정도의 차이는 있어도 광산회사와 제조회사도 마찬가지라고 할 수 있다. 그러므로 어느 한 종업원이 노동자에 대한 부당한 대우로 그 회사를 고발한다면, 그는 일부 괴물 같은 자본가의 행위를 비난하는 것이 아니라, 수백만 수천만 명의 소액주주가 있지만 어느 한 명도 노동자에 대한 부당한 대우나 자유를 침해하는 기업의 행위에 관여하지 않으려는 그들의 태도를 비난하는 것이다. 사실 소액주주의 대다수는 실제로 노동자의 편이란 걸 알 수 있다. 앞서 우리가 살펴본 바와 같이 대다수 소유주가 노동자이기 때문이다. 노동자는 그들의 자유를 침해받지 않고 공정한 대우를 받을 수 있도록 소유주가 그들의 불만 사항에 관심을 갖도록 만들기만 하면 된다. "훌륭한 자본가"는 사실상 미신에 가깝다. 그것은 얼마나 많든 얼마나 훌륭하든 간에 무지한 사람들의 뜨거운 상상 속에만 존재한다. 철도회사들의 자본 총액은 회사의 종업원들보다 훨씬 더 많은 수의 개인들로 구성되어 있다.

노동 분쟁이 발생한 후에 시카고와 밀워키에서 소수의 외국인 무정부주의자들이 광적인 일을 저질렀다. 이들은 노동 분쟁의 흥분 속에서 자신들의 혁명 계획을 달성하기에 적합한 절호의 기회가 왔다고 생각했다. 노동자들이 그들의 행동에 책임을 지는 것이 정당하지는 않지만, 그럼에도 이런 소요 사태 때문에 민심으로부터 신뢰를 일시적으로 잃었다. 노동자의 관점으로 현안을 보고 싶은 학생들이, 한 노동 단체의 뒤를 이어 다른 노동 단체가 급속하게 일으켰던 폭동과 소요 사태에 대한 동조를 모두 거부했을 뿐만 아니라 사회 질서 유지를 위해 자진해서 군대에 지원한 점을 간과해서는 안 된다. 만약 추가 증거가 필요하다면 또 다른 확실한 증거로서, 언제든 이 나라의 평화가 심각하게 위협받을 때면, 전문직에 종사하는 사람들과 지식인 계층에서 뿐만 아니라 저 아래 가장 낮은 산업 노동자 계층에서도 역시 대다수의 사람들이 평화를 지키려는 각오를 한다는 점이다. 평화가 회복된 지금 그 분야에 대한 조사는 다음과 같은 결과를 보여 준다.

첫째, "한계선"은 사회 혼란 및 무정부주의 세력과 사회 질서를 지키는 세력 사이에 명확히 정해졌다. 폭탄 투척은 폭탄을 던진 사람에게 즉각적인 죽음을 의미한다. 다수가 결집하여 행진하면서 약탈을 자행하는 폭도들은 관용 없이 사살한다. 이 같은 조치는 국민 위에 있는 정부의 명령에 의한 것도 아니고, 막강한 상비군에 의한 것도 아니고, 먼 곳에서 데려온 군사들에 의해서도 아니다. 이는 평화롭고 질서정연한 공동체에 있는 모든 계층의 대다수 시민에 의한 것이다. 자본가에서 근면한 노동자까지 모두의 단결된 영향력이 민주주의라는 제도 하에 민심이라는 이름으로 항거 불능의 힘을 만들어 낸다. 이러한 민심은 평화를 저해하는 사람들을 사살하라고 명령을 내린 정부 관계자를 지지할 뿐 아니라 그들의 신속한 조치를 객관적 입장에서 극찬한다.

둘째, 인간 사회의 불멸성과, 위험한 상황이 발생했을 때 모든 위험 요소로부터 인간 사회를 지키고 보다 높은 수준의 사회로 발전시키기 위한 불굴의 투지와 힘의 불멸성을 입증하는 또 다른 증거가 맬로리 판사가 한 다음과 같은 말에 나온다. "범죄가 일어날 당시 그 현장에 없었다고 하더라도 어떠한 불법 행위나 범죄 행위를 하도록 타인에게 조언을 하고, 고용하고, 조달하고 또는 선동하는 모든 사람은 범행을 저지르는 사람과 똑같이 유죄이다." 자유와 표현의 자유 간의 차이가 이제 명확하게 구분되는데, 이것은 커다란 소득이다.

셋째, 마찬가지로 민심이 노동자가 자본가에게 자신의 입지를 보다 전폭적으로 인정받으려는 그들의 노력에 공감하고 지금까지 자본가가 허용해 왔던 것보다 더 나은 대우를 노동자에게 해줄 것을 요구한다는 것은 이미 증명된 바다. "전폭적인 인정"이라는 표현에, 나는 금전적 보상뿐 아니라 오늘날 보다 더 중요하다고 생각하는 것도 포함했다. 바로 인간이자 형제로서의 노동자라는 훨씬 중요한 개념이다. 나는 회사가 노동자에게 하루에 15시간이나 16씩 일해 주길 기대할 수 있는 시대는 지났다고 생각한다. 그리고 바라건대 이 나라에서 노동자가 하루에 연달아 12시간씩 일하는 것이 불가능한 시대가 가까워지기를 희망한다.

넷째, 가장 용납할 수 있는 형태의 폭력일지라도, 폭력을 쓰는 것에 대한 비난을 오해의 여지없이 정당하게 여기는 민심일지라도, 파업 중인 노동자가 때로 당면하는 무서운 유혹에 대해 대중이 깊이 생각해 봤으면 한다. 하루 일당에 생필품이 달려 있는 한 남자가, 회사가 그 대신에 다른 사람을 고용하는 것을 가만히 평화롭게 보고만 있기를 기대하는 것은 지나친 욕심이다. 이 불쌍한 남자에게는 그의 노동에 의존하는 아내와 아이들이 있을 것이다. 아픈 아이를 위한 약이든 몸이 허약한 아내를 위한 영양가 있는 음식이든 뭐든 간에 그의 손에 넣으려면 실업 걱정을 할 필요 없는 안정적인 고용이 이루어져야 한다. 나는 몇몇 극소수의 노동 분야를 제외하고는 노동자가 이러한 회사의 일방적 해고와 같은 시련에 무릎을 꿇는 것은 적절치도 않으며 그럴 필요도 없다고 생각한다. 철도회사와 몇 가지 다른 업종에서는 파업이 일어나지 않기를 대중이 바란다는 점이 중요하다. 따라서 파업이 발생하는 경우 대체 인력이 채용되어야 한다. 그러나 고용주는 작업을 중단한 자리를 탐내는 부류의 노동자를 고용하는 것보다 파업으로 그의 종업원이 일을 멈춘 것을 가능한 한 허용하고 분쟁의 결과가 어떻게 나올지 기다리는 것이 훨씬 그에게 이익이라는 것을 알게 될 것이다. 최고의 사람도 최고의 노동자도 대체 인력을 뽑는 방식으로는 얻어지지 않는다. 최고의 노동자들 사이에는 다음과 같은 불문율이 있다. "네 이웃의 일자리를 빼앗지 마라." 현명한 고용주라면 자신의 오랜 직원을 섣불리 잃지 않을 것이다. 근무 기간은 여러 면에서 중요하다. 경험이 없는 사람에게 일을 부탁하는 것은 최후의 수단이어야 한다.

다섯째, 최근의 노동 분쟁의 결과는, 노동조합은 성격상 그들이 대표하는 다수의 노동자보다 더 보수적이어야 한다는 의심할 여지없는 명백한 증거를 보여 준다. 노동조합의 성격이 보수적이지 않을 경우, 그들 자신의 무절제로 인하여 조합은 사분오열 된다. 나는, 최고의 노동자들의 지지를 받는 노동기사단 소속의 숙련공들이 조직의 보다 덜 지적인 구성원들에 맞서 임박한 파업을 가까스로 돌린 세 가지 사례를 알고 있다. 노동 대표 기관들은 결국 유능하면서도 가장 신중한 노동자들을 전면에 내세울 것이고, 그리고 그들 스스로 정치적 존재임을 보여 줌으로써 산업 노동자들에게 이익이 된다는 걸 알게 될 것이다.

기관차 엔지니어 노동조합의 퍼더리 씨와 아서 씨, 철강연맹의 와일 씨와 마틴 씨 같은 유형의 노조 지도자들은 권력을 얻고 유지할 것이다. 이에 반해 충동적 급진주의자인 아이언스 씨 같은 노조 지도자들은 처음에는 권력을 얻겠지만 곧 잃어버릴 것이다.

이와 같이 최근에 일어났던 노동 저항으로 우리는 자본가와 노동자 양측이 이득을 얻었다고 본다. 자본가는 존재가 증명되었기에 더욱 더 안전해졌고, 노동자는 앞으로 보다 나은 대우를 받게 될 것이며 노동자에게 우호적인 각성된 여론을 존중하여 노동자의 요구 또한 신중히 고려될 것이다. 노동자의 요구가 합리적이고 평화가 지켜졌을 때는 노동자가 이겼던 반면에, 그들의 요구가 민심에 부합하지 않거나 특히 평화를 깨뜨렸을 때는 노동자가 패배했다.

분쟁이 끝나고 다시 평화가 찾아왔다. 누구도 잦은 노사 분쟁을 지나치게 불안해하지 않도록 하자. 법의 테두리 안에 있다면, 분쟁은 보다 좋은 조건에서 일하기를 바라는 노동자의 바람을 보여 주는 것이기 때문에 고무적인 징후이다. 이 바람에 진보에 대한 대중의 모든 희망이 걸려 있다. 만약 사회와 정치에 육체가 있다면, 쉬지 않고 흐르는 야망이 아니라 한곳에 고여 있는 만족감이 질병을 키운다. 폭력과 무질서를 용인하는 데 있어 이 나라의 노동자들은 사회의 다른 어떤 계층보다도 유혹을 덜 받는다. 강한 자극을 받아 폭력이 피부 위로 터져 나오는 경우는 드문 사례이고, 그 밑의 몸은 철저히 온전하고 질서를 지키려는 의지가 확고하다.

내가 아는 한 처음으로 영국의 여론을 주도하는 신문들이 일부 비관적인 미국 통신원보다 미국 노동자에 대해 더 정확한 이해를 보여 주었다. 런던의 〈데일리 뉴스〉는 "미국 특유의 민주주의가 그런 노동자들의 폭동에 대처할 수 있다고 믿는다"라고 정확하게 말했다. 그리고 〈데일리 '텔레그 래프〉는 다음과 같이 분석했다.

"시카고의 범법자들이 경찰을 능가하지 않을까, 그리고 그 놀라운 젊은 도시에 사는 시민들의 도움을 구하는 것이 필요하지 않을까 걱정할 필요는 없다. 솔직히 말해서, 그 같은 폭도들은 시카고나 세인트루이스, 뉴욕보다는 버밍엄을 위협하는 것이 더 나을 것이다. 이 노동자 계층의 반란자들에 대처하는 위대한 공화국의 성적은 아주 확실하다."

민주주의뿐만 아니라 민주주의가 널리 자리 잡은 곳의 산업 노동자들은 우리 영국 친구들의 기분 좋은 과장된 예측을 충족시키고 있으며, 앞으로 평화를 지키기 위해 굳건히 서 있으리라는 믿음을 확실히 보여 줄 것이다.

* 〈포럼〉 1886년 8월호에서 발췌.

11장
개인 노력의 목적

| 허버트 N. 카슨과의 인터뷰 |

 카네기 씨는 "사업이란 무엇인가?"라는 나의 질문에 대답했다. "그 질문에 대한 대답은, 사업의 바탕은 자신이 속한 지역 사회에 봉사하는 데 있다는 점을 말하면서 시작하도록 하겠습니다. 진정한 사업가는 그가 속한 지역 사회가 필요로 하는 상품을 제공하는 사람입니다."

 "돈을 버는 것은 사업에서 그리 중요한 부분이 아닙니다. 예를 들어, 어느 한 브로커의 사무실에서 주가 테이프를 보며 서 있는 남자는 사업가가 아니라 투기꾼입니다. 투기라는 것이 모든 사업가들의 노동에 들러붙은 기생충이 아니면 뭐란 말입니까? 투기는 아무것도 만들어 내지 못합니다.

투기는 진짜 사업의 위조품에 지나지 않습니다."

그는 말을 이어 갔다. "어떤 사람들은 부의 획득을 비난할 때 큰 실수를 저지릅니다. 돈을 벌어야 베풀 수 있습니다. 당연한 것 아닌가요? 이타적 행동을 취하기에 앞서 이기적 인간이 되어야 합니다."

"지역 사회에 돈이 부족하다는 것은 더러움, 무지, 질병을 뜻합니다. 예를 들어, 미국 남부의 몇몇 주들을 보세요. 산업이 성장하면서 놀라운 변화들이 일어나고 있습니다. 그러나 최근까지만 해도 남부에는 어떠한 견고한 재정적 기반도 갖춰져 있지 않았습니다. 그뿐인가요? 어떠한 자본도, 천연자원 개발도 없었습니다."

"그런데 오늘날 새로운 철도가 놓이고, 훌륭한 사무실과 주택들이 남부 여러 주에 세워지고 있습니다. 이곳에 살고 있는 지역 주민들의 삶의 수준도 점점 높아지고 있습니다. 이전보다 더 좋은 시설을 갖춘 학교가 세워지고 보다 큰 규모의 서재들도 생겨나고 있습니다. 그렇다면 무엇이 이와 같은 변화를 몰고 오는 것일까요? 그것은 바로 정치가 아니라 사업이었어요."

"현대의 기업은 어떻습니까? 기업이 개인이나 정부보다 사업을 보다 더 효율적으로 운영할 수 있다고 보십니까?"라고 나는 그에게 물었다.

"물론 가능합니다." 그는 분명한 어조로 대답했다. "기업은 대중이 소유해야 한다고 믿습니다만, 사업을 가장 성공적으로 운영하는 것은 개인 기업이에요. 수년의 시간이 흘러야 고쳐질 기업 제도의 폐단도 있습니다. 그러나 사람들이 이 문제에 대해 계속 고민한다면 이를 개선할 수 있을 것입니다. 우리는 현재 올바른 방향으로, 그리고 빠른 속도로 나아가고 있습니다."

사업의 삶을 떠나기는 어렵다

"그렇다면 카네기 씨는 사업을 어떻게 정의하십니까?"라고 나는 물었다.

"제 생각으로 사업은 목적 달성을 위한 수단일 뿐 그 이상도 그 이하도 아닙니다"라고 3억 달러의 자산가가 대답했다.

"뛰어난 능력을 가진 사람이 자신의 사업 문제에 너무나 빠져들고 복잡하게 얽혀서 은퇴조차 할 수 없는 상황을 보는 것은 참으로 슬픈 일입니다. 그렇다고 그들을 책망하거나 비난하지는 않습니다. 일생에서 최고의 시기를 보내고 있을 때, 사업에서 손을 떼는 것은 쉬운 문제가 아니거든요. 무뚝뚝한 스코틀랜드인 기질을 타고난 저도 사업에서 물러나는 것은 너무나 고통스러운 일이었지요. 그래서 저는 사업에서 손을 떼는 것이 무엇을 의미하는지 잘 알고 있습니다."

"사업가가 은퇴 후 만족하는 삶을 영위할 수 있는 유일한 방법은 일찍부터 사업 밖의 세상으로 눈을 돌려 세상일에 적극적으로 관심을 가지고 준비하는 것입니다. 이와는 반대로 앞서 제가 말씀드린 경우를 보여 주는 한 사업가의 이야기를 들려 드리겠습니다. 미국 어느 도시에 한 가죽 상인이 살고 있었어요. 그는 이 사업으로 부자가 되고 난 후, 자신의 사업에서 손을 뗍니다. 은퇴 후 그는 연회장과 사교 모임에 참석하기 시작했습니다. 그런데 그의 아내는 자기 남편이 한 번도 대화에 참여한 적이 없다는 것을 알고 고민에 빠졌습니다."

"'아니 당신은 모임에 나가서 왜 그렇게 한 마디도 안 하고 있는 거예요?'라고 아내가 물었습니다."

"'아 그거야 가죽에 대해 묻는 사람이 아무도 없으니까 그런 거지'라고 그는 대답했어요."

"제가 제대로 된 사업가라고 생각하는 사람이 있는데, 그의 이름은 피터 쿠퍼였어요. 그는 사업가로 나무랄 데 없는 사람이었습니다. 일 때문에 항상 바빴지만, 돈벌이가 되는 일에서 눈을 떼지 않으면서도 공공복지에도 관심을 가졌어요. 그는 여러 가지 일에 흥미를 가진 사람이었습니다. 그의 생각은 한쪽으로만 치우치지 않았습니다. 그리고 그는 부를 축적한 이후로 계속해서 좋은 일을 하고 있습니다."

"이 같은 부류의 사람을 또 한 명 알고 있는데, 에즈라 코넬이라는 사람이에요. 그 역시 자신의 부를 기부한 사람입니다. 그의 인생 목표는 부자가 되는 것이 아니라 누구에게나 무엇이든 가르칠 수 있는 그런 폭넓고 다양한 시스템을 갖춘 대학을 설립하는 것이었어요."

카네기 씨가 세 번째로 언급한 사람은 아브람 휴위트였다. 휴위트 씨의 커다란 사진은 우리가 앉아 있는 서재 책상 중 하나에 놓여 있었다. 일전에 그는 고귀한 미국 시민의 이상형으로 꼽힌 바 있다.

다방면의 경험을 통한 발전

서재에 걸려 있는 대부분의 사진은 사업가가 아니라 문예가들이었다. 그중 가장 눈에 띄는 사진은 영국의 개인주의 철학자 허버트 스펜서였다. 멋지게 조각된 셰익스피어

흉상과 번즈의 흉상이 벽난로 선반 위에 놓여 있었다. 서재 벽에는 카네기가 세운 도서관들로 더욱 번창하게 된 1,500개 이상 어쩌면 2,000여개의 마을에서 감사의 표시로 보내 온 선물들이 액자에 걸려 있었다. 그리고 이 서재 벽에는 돈 모으기나 사업과 관련 없는 교훈들이 있었다. 다른 것들의 기조가 되는 핵심 교훈은 스코틀랜드 출신 동료인 윌리엄 드러몬드의 말이었다.

추론할 수 없는 자는 바보다.
추론하지 않으려는 자는 편견이 심한 자이다.
추론할 엄두를 못 내는 자는 노예다.

"사업가는 시시각각 변하는 갖가지 다양한 문제들에 대처하라는 요구를 받습니다"라고 카네기는 말을 이어 갔다. "사업가는 여러 가지 주제에 대한 지식을 기초로 전반적인 판단을 내려야 합니다. 그의 사업이 여러 나라로 확장되는 경우, 사업가는 해당 나라에 대한 기본 사항들을 알고 있어야 하고, 그 나라와 관련한 주요 사항들을 파악해야 합니다. 사업가는 전 세계적 관점으로 세상을 볼 줄 알아야 합니다. 즉, 콘스탄티노플에서 벌어진 정치적 혼란, 동양에 출현한 콜레라, 인도의 몬순, 크리플 크리크의 황금, 콜로라도 잎벌레의 출현과 목회 사역의 쇠락, 전쟁의 위험, 합의를 강요하는 중재의 가능성 등, 그가 신경 쓰지 않아도 될 일은 세계 어디에서도 일어나지 않습니다."

"사업가는 매우 희귀한 자질 하나를 가지고 있어야 하는데, 바로 자신의 직원들에 대한 뛰어난 판단 능력입니다. 사업가는 종종 수천여명의 종업원을 거느리죠. 따라서 사업가는 다양한 성격의 무수히 많은 사람들 중에서 최고의 직원을 데려올 수 있는 방법을 알아야 합니다. 또한 조직을 구성할 능력이 있어야 합니다. 이와 더불어 실행력이 있어야만 하며, 신속하고 현명한 판단을 내릴 수 있어야 합니다."

사업의 이상을 확대한다

"유럽에는 사업에 대한 오래된 편견이 있었지만 지금은 사라졌습니다. 사업 자체가 변하고 있기 때문에 이 같은 변화가 일어나는 것이죠. 과거에는 모든 분야의 사업이 보잘것없는 작은 규모의 소매업으로 이루어졌고, 소규모 거래로 소규모의 직원을 먹여 살렸습니다. 게다가 모든 사람이 사소한 것들에 매달려야 했습니다. 높은 수준의 조직과 기업,

보다 넓은 관점과 수준 높은 경영 능력이 발휘되지 못했습니다."

"오늘날 모든 분야의 사업은 사업 파트너들이 하나의 거대한 영역을 지배할 정도로 그 규모가 어마어마하게 커졌어요. 때로는 소국의 독일 왕들이 그들의 휘하에 거느리는 군대보다 대형 고용주의 산업체에서 근무하는 노동자가 더 많은 경우도 있습니다."

"이제는 일이라는 것이 사소한 질투심을 낳기에는 너무나 커졌습니다. 그리고 이제는 이익을 얻으려는 바람이 진보, 창조, 방법의 개선, 과학적 발전, 성공의 자부심과 긴밀하게 엮여 있습니다. 그래서 오늘날 사업가가 투자하고 받는 배당금은 단순히 돈만을 의미하지는 않아요. 사업가는 돈과 함께 더 나은 무언가를 받습니다. 더 나은 무엇이란 바로 자신의 필생의 업으로 삼는 사업을 보다 높은 차원으로 발전시키는 데 중요한 역할을 하는 만족이라는 형태의 배당금입니다."

발전 수단으로써의 사업

"저는 자신 있게 사업을 추천합니다. 왜냐하면 인간으로서 최고의 권력을 행사할 수 있는 충분한 가능성이 있을 뿐만 아니라 인간 본성에 있는 모든 좋은 재능을 발휘할 수 있는 충분한 기회가 주어지기 때문입니다. 저는 거상(巨商)이나 은행가, 대산업가의 경력은 마음의 힘을 기르고, 편견에서 벗어나 열린 마음을 유지하며, 광범위한 주제들에 대한 판단력을 높이는 데 유리하다고 믿습니다."

"어느 직업이든 어리석은 사람이 있을 수 있습니다. 이들은 자신의 특정 전문 분야를 벗어나면 어린애 같이 어리석게 굴지만 그 특정 분야에서는 성공한 부류입니다. 그렇지만 저는 성공한 어리석은 사업가는 본 적이 없습니다. 건전하고 전반적인 판단 능력이 없는 사업가는 실패하기 마련입니다."

"어떤 청년이 사업에서 낭만을 찾지 못한다면, 그것은 사업의 잘못이 아니라 그 청년 탓입니다. 모든 이의 혼을 사로잡았던 전기에너지 분야에서 이룬 최근의 발전과 연관된 기적과 불가사의를 생각해 보세요. 그는 어떤 형태로든 전기에너지의 영향권 안에 있었음에도, 따분하고 평범한 청년인지라 단조로운 사업을 불가사의한 영역으로 승화시키지 못했을 가능성이 큽니다. 사업은 돈이 전부가 아닙니다. 돈은 껍데기일 뿐, 나중에는 안에 든 알맹이를 먹습니다. 사업가는 능력이 커질수록 즐기고, 발전하고, 성숙하라는 요구를 끊임없이 받습니다."

카네기가 도달한 목적

"저에게 사업은 목적을 달성하기 위한 하나의 수단이었습니다." 그리고 앤드류 카네기는 자신이 일군 사업, 즉 수단을 통해 그의 목적에 도달한다. 우리가 앉아 있던 카네기의 서재에는 사업 용품에 속하는 어떠한 것도 볼 수 없었다. 오히려 연기 자욱한 피츠버그의 철강업자 사무실이라기보다는 문인이나 어느 대학 학장의 서재에 가까웠다. 거기에는 전화기도, 허둥지둥 일을 하는 점원도, 딸깍 딸깍 소리 내는 타자기도, 빗발치는 전보도 없었다. 이 온화하고 다정한 노인이 수백만을 위한 전쟁에서 최전선에 있었음을, 또한 그곳에서 그가 최고의 전사였다는 사실을 믿기가 어려웠다. 내가 인터뷰를 위해 방문했을 당시 그의 마음속을 맴돌고 있던 세 가지 생각은 나비의 날갯짓이 강철레일의 가격과 관련이 없는 것보다도 더 사업과는 아무런 상관이 없었다. 첫 번째는 골프였다. 그는 신학 박사와 몇몇 다른 친구들과의 골프 게임에서 막 돌아온 차였다. 두 번째는 단순화된 철자였다. 그는 "나는 오늘 오후에 한 남자를 설득했습니다"라고 하면서 말을 이어 갔다. "그 남자에게 'tho'를 써 보라고 했어요. 그러고는 왜 'tho'에 'ugh'를 붙여야 하는지 이성적인 한 인간으로서 스스로에게 물어 보라고 했습니다."

"사실 많은 단어의 발음이 변하고 있습니다. 그렇다면 그 단어의 철자도 이 같은 변화와 보조를 맞춰야 합니다. 오늘날에 묵음으로 처리하는 'though'의 말미에 있는 세 개의 철자는 수세대 전에는 목 뒷부분의 끝에서 나오는 소리로 발음되었어요. 단언컨대, 모든 단어는 원래 각 단어가 소리 내어 읽히는 것과 동일한 방식으로 철자가 쓰였습니다."

그의 마음을 사로잡고 있던 세 번째 생각은, 한 스코틀랜드 출신 임금 노동자에게서 받은 주목할 만한 한 편의 시였다. 그가 나에게 읽어 준 〈나와 안드라〉라는 제목이 붙은 시의 첫 소절은 다음과 같았다.

> 안드라, 우리는 신의 순수한 피조물
> 당신과 나는 대리석 욕조에서 함께 목욕해요.
> 나는 바닷물로 당신을 씻어요.
> 아침 식사로 싸구려 카페오레를 들고 당신에게 가요.

뿔 모양의 스푼으로 나의 오트밀을 홀짝거리며 배가 찰 때까지 먹어요.

안드라, 여기라고 다르지 않아요.

나의 하늘은 당신의 하늘처럼 맑고 깨끗해요. 아름다운 구름도 같아요.

나의 이빨 사이로 돈이 들지 않게 휘파람을 불며 한 곡조 뽑아요.

고요한 앤드류 카네기의 서재에서는 피츠버그의 으르렁거리는 용광로의 포효도 홈스테드 제철소들의 충돌도 사라져 버린다. 더 이상 펜실베이니아 철도회사와의 분쟁도 없고 프리크와의 다툼도 없다. 슈피리어 호(湖) 광석을 둘러싼 이권 다툼도 외국 시장에 대한 맹렬한 공격도 없다.

사업의 보상

돈을 버는 것으로 끝이라면 그게 당연할 수도 있다. 왜냐하면, 그는 이미 은퇴했지만 여전히 세계에서 다른 누구보다도 많은 수백만 달러가 넘는 철강 수입을 얻고 있기 때문이다. 그의 연금은 하루에 거의 4만 달러 수준이다. 이 액수는 대영제국 군주의 재정 수입의 다섯 배에 달한다. 하루 8시간으로 볼 때, 내가 그를 인터뷰하는 동안 발생한 수입은 5천 달러였다. 이는 미국 상원의원의 1년 봉급에 달한다.

돈을 번다는 관점에서 볼 때, 이는 카네기에게 매우 중요한 일이다. 그는 세계에서 가장 빠르게 재산을 축적하고 가장 자유롭게 돈을 쓰는 사람이다. 불과 50년 전에 그는 5천에서 6천 달러를 철강 산업에 투자해서 그 자신과 친구들에게 5억 달러가 넘는 이익을 올렸다. 그럼에도 앤드류 카네기가 사업을 목적 달성을 위한 수단으로 여겼다는 것은 의심할 바 없는 분명한 사실이다. 나는 그의 피츠버그 학교 친구 중 한 명의 집에서 앤드류 카네기가 18세 때 쓴 노동과 자본의 문제에 관한 훌륭한 에세이를 보았다. 나는 그가 소년 시절 전보배달원이었을 때 책을 빌리곤 했던 장소도 가 보았다. 그가 새로운 부로 사들인 첫 번째 것은 교육이었고, 두 번째는 여행이었다. 그러므로 그의 막대한 부가 자신의 문학과 박애주의 세계로 오르는 황금 계단을 짓는 데 주로 쓰였다고 믿는 게 당연하다.

원서 출처

1장 | 나는 어떻게 견습 시절을 보냈는가
Carnegie, Andrew. *The Gospel of Wealth*, New York: The Century Co., 1900. vii-xxii.

2장 | 사업 성공으로 가는 길
Carnegie, Andrew. *The Empire of Business*, Toronto: William Bridges, 1902. 3-18.

3장 | 어떻게 부를 얻을 것인가
Carnegie, Andrew. *The Empire of Business*, Toronto: William Bridges, 1902. 103-122.

4장 | 사업
Carnegie, Andrew. *The Empire of Business*, Toronto: William Bridges, 1902. 189-225.

5장 | 근검절약은 인간의 의무
Carnegie, Andrew. *The Empire of Business*, Toronto: William Bridges, 1902. 95-99.

6장 | 부의 복음
Carnegie, Andrew. *The Gospel of Wealth*, New York: The Century Co., 1900. 1-44.

7장 | 가난의 특권
Carnegie, Andrew. *The Gospel of Wealth*, New York: The Century Co., 1900. 47-82.

8장 | 다리 셋이 받치는 의자
Carnegie, Andrew. *The Empire of Business*, Toronto: William Bridges, 1902. 285-287.

9장 | 노동 문제에 대한 고용주의 시각
Carnegie, Andrew. *The Gospel of Wealth*, New York: The Century Co., 1900. 107-123.

10장 | 노동 분쟁의 결과
Carnegie, Andrew. *The Gospel of Wealth*, New York: The Century Co., 1900. 127-147.

11장 | 개인 노력의 목적
The System Company. *Personality in Business*, Chicago, New York and London: A. W. Shaw Company, 1916. 26-33.

```
국립중앙도서관 출판예정도서목록(CIP)

사업의 정석 / 지은이: 앤드류 카네기 ; 옮긴이: 유지훈. --
성남 : 주영사, 2015  p. ;   cm

원저자명: Andrew Carnegie
영어 원작을 한국어로 번역
ISBN  978-89-94508-19-1 03320 : ₩13000

사업[事業]
성공법[成功法]

325.04-KDC6
658-DDC23                              CIP2015020774
```

사업의 정석

초판1쇄 발행 | 2015년 8월 20일
초판2쇄 발행 | 2023년 6월 24일

지은이 | 앤드류 카네기
옮긴이 | 유지훈

발행처 | 주영사
발행인 | 이은종
등록번호 | 제379-3530000251002006000005호
등록일 | 2006년 7월 4일(최초 등록일 2006년 3월 7일)
주 소 | 경기도 성남시 수정구 산성대로 437번길 7
전 화 | 031-626-3466
팩 스 | 0505-300-2087
홈페이지 | http://juyoungsa.net
이메일 | juyoungsa@gmail.com

ISBN 978-89-94508-19-1 03320

* 잘못된 책은 바꾸어 드립니다.
* 책값은 표지에 있습니다.